21世纪高等职业教育特色精品课程规划教材
高等职业教育课程改革项目研究成果

ASP.NET实训教程

主　编　刘晓英
副主编　许月发　王　兰

北京理工大学出版社
BEIJING INSTITUTE OF TECHNOLOGY PRESS

内容简介

本书从实用角度出发，循序渐进地讲解了ASP. NET的应用，将基本知识与技术融为一体，密切配合讲授内容。本书实训内容大多来自实践，可直接用于Web应用项目。实训内容由浅入深，层次清晰，有基本要求，也有知识与技能的引申和延续，以满足不同层次学生的需求。每章提出了实训目的、实训内容和所用到的知识。作者结合高职高专的教学要求和实际编程经验设计示例和实训项目，通过案例分析操作示范，直观指导学生上机实践训练，体现了高职高专教学的实用性和可操作性。

全书共十章，前九章为基本训练，第十章为综合实例，可供课程设计或其它相应综合训练项目用。全书内容丰富、通俗易懂、实用性强。

本书可作为高职高专计算机类ASP. NET实践训练教材，也可供相关人员自学参考使用。

图书在版编目（CIP）数据

ASP. NET实训教程/刘晓英主编. —北京：北京理工大学出版社，2009. 7
ISBN 978-7-5640-2461-1

Ⅰ. A…　Ⅱ. 刘…　Ⅲ. 主页制作-程序设计-高等学校：技术学校-教材
Ⅳ. TP393. 092

中国版本图书馆CIP数据核字（2009）第115021号

出版发行／北京理工大学出版社
社　　址／北京市海淀区中关村南大街5号
邮　　编／100081
电　　话／(010)68914775(办公室)　68944990(批销中心)　68911084(读者服务部)
网　　址／http：// www. bitpress. com. cn
经　　销／全国各地新华书店
印　　刷／北京圣瑞伦印刷厂
开　　本／787毫米×1092毫米　1/16
印　　张／15
字　　数／348千字
版　　次／2009年7月第1版　　2009年7月第1次印刷
印　　数／1～4000册　　责任校对／陈玉梅
定　　价／30. 00元　　责任印制／边心超

图书出现印装质量问题，本社负责调换

前　言

ASP.NET 是 Microsoft 公司正式推出的用于编写动态网页的一项功能强大的新技术。因为它结合了 Microsoft 公司推出的革命性的.NET 平台，所以让网页开发变得更加简单。

本实训教程在结合实用教程的课程安排的基础上，提供了大量上机操作的编程实验，希望读者在理解和掌握实用教程内容的基础上，通过参考实验方法独立完成实验内容，巩固对所学知识的理解，从而达到灵活应用的目的。

本实训教程与实用教程结合紧密，定位明确，可以让读者快速理解和完成实验。实验内容结合实际应用，实验过程引导读者思路，实验参考代码大部分完成，其中有一些实现应用比较复杂的程序只列出部分关键代码，对于读者学习编程具有实际的指导意义。本教程每章的最后都提供了思考与练习，通过对这些问题的思考以及编码实践，可以进一步明确概念和掌握技巧。本教程在学习 ASP.NET 的同时，能够利用实际项目编写掌握面向对象编程技术的一般思想和方法。面向对象技术是当前程序设计的主流方法，通过 ASP.NET 这种现代的完全面向对象编程语言的学习，可以为以后深入学习面向对象技术打下坚实的基础。

建议读者反复看实验参考代码，对程序的总体思想、总体结构要熟练掌握，上机时要及时联系学习到的新知识，做到以知识点为线索，把所有实验串联起来，举一反三，触类旁通。

本书由刘晓英主编，许月发、王兰副主编，参与编写的还有李金勇、姚策、于婷、张润华、孙茜、王唯等。另外，感谢在编写过程中为本书的顺利出版做出贡献的所用工作人员，尤其是北京理工大学出版社的工作人员。在本书的编写过程中参考了大量的相关文献，在此对这些文献的作者深表感谢！本书在编写过程中，难免有不妥之处，恳请读者批评指正。

编　者

目 录

第1章 认识ASP.NET

1.1 实验 开发部署一个简单的Web应用程序

实验目的

1. 熟练掌握ASP.NET Web应用程序的部署方法。
2. 熟悉Visual Studio.NET 2003的使用。

实验内容

开发部署一个简单的Web应用程序。

在Visual Studio.NET 2003中开发一个简单的ASP.NET Web应用程序，编译并部署到另一台计算机上。

下面是一个简单的文本框输入验证程序，可以通过简单的属性设置实现，操作步骤如下。

（1）在“开始”菜单中选择“所有程序→Microsoft Visual Studio.NET 2003→Microsoft Visual Studio.NET 2003”命令，如图1–1所示，打开如图1–2所示的Microsoft Visual Studio.NET 2003界面。

图1–1 选择“Microsoft Visual Studio.NET 2003”命令

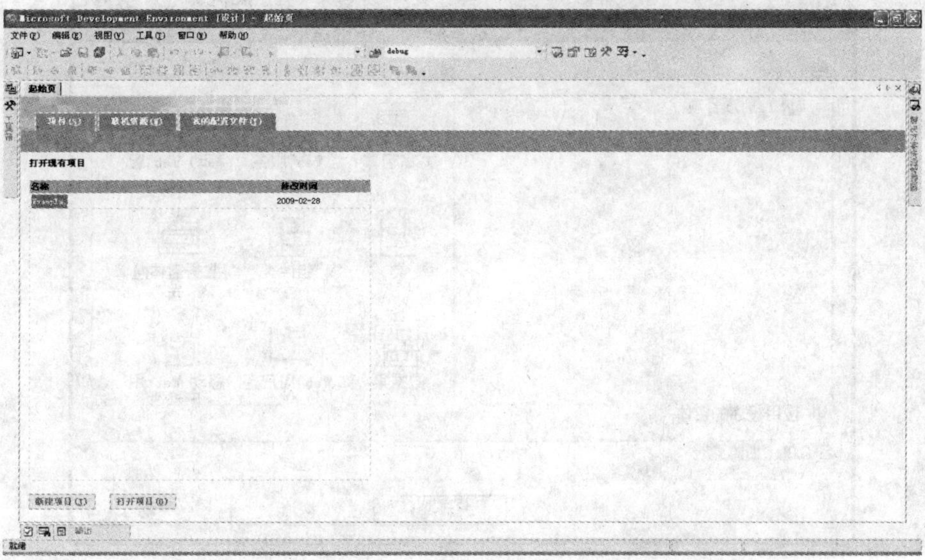

图1–2 Visual Studio.NET 2003界面

（2）选择“文件”→“新建”→“项目”命令，打开如图 1–3 所示的“新建项目”对话框，在“项目类型”列表框中选择“Visual C#项目”文件夹，在“模板”列表框中选择“ASP.NET Web 应用程序”选项，并输入项目名称，如 First。

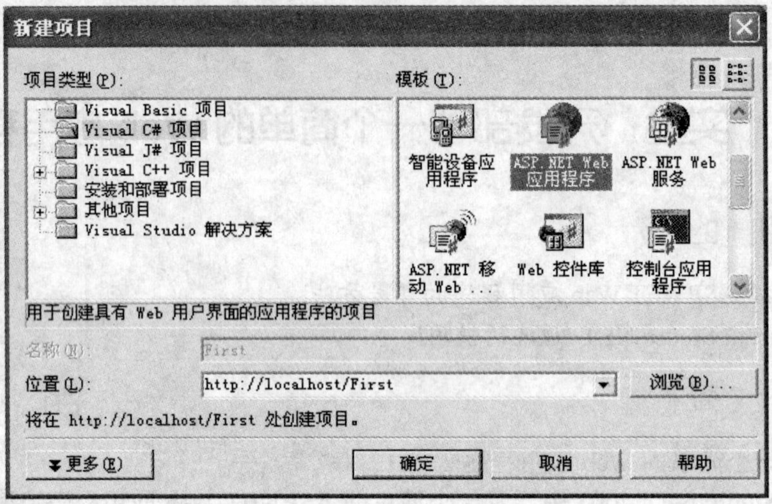

图 1–3 “新建项目”对话框

（3）在项目中添加 Web 页面，选择“文件”→“添加新项”命令，如图 1–4 所示。

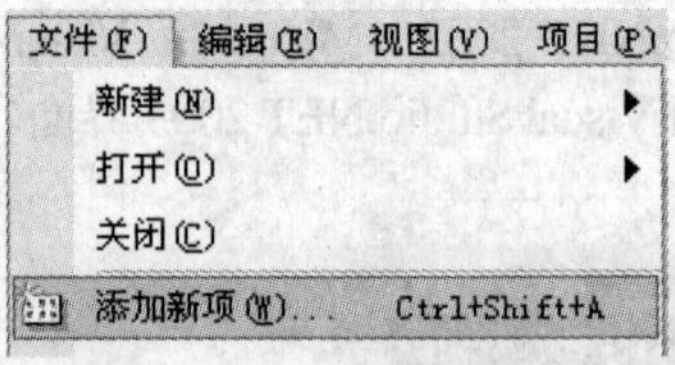

图 1–4 选择“添加新项”命令

（4）在打开的“添加新项”对话框中选择“Web 窗体”选项，并修改其名称为 wb.aspx，如图 1–5 所示。

（5）在页面上添加 Web 服务器控件，在窗体左边的工具箱中选择“Web 窗体”选项卡，如图 1–6 所示，双击上面的控件即可将其添加到窗体中。

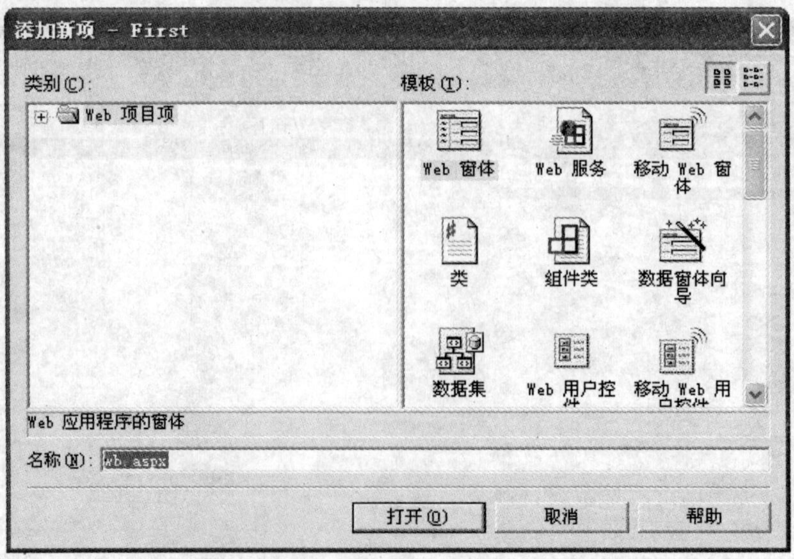

图 1–5 “添加新项”对话框

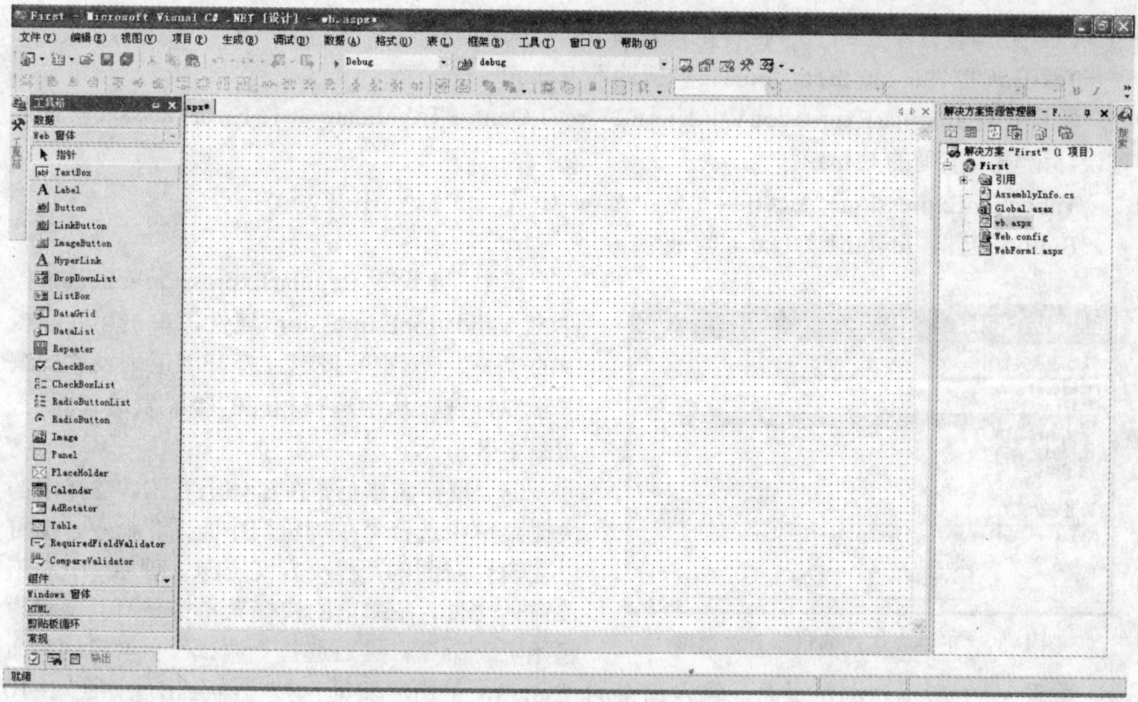

图 1–6　使用工具箱添加控件

（6）设置控件属性，右击控件在弹出的快捷菜单中选择“属性”命令，可以在 Web 窗体的右边看到控件属性面板，如图 1–7 所示。

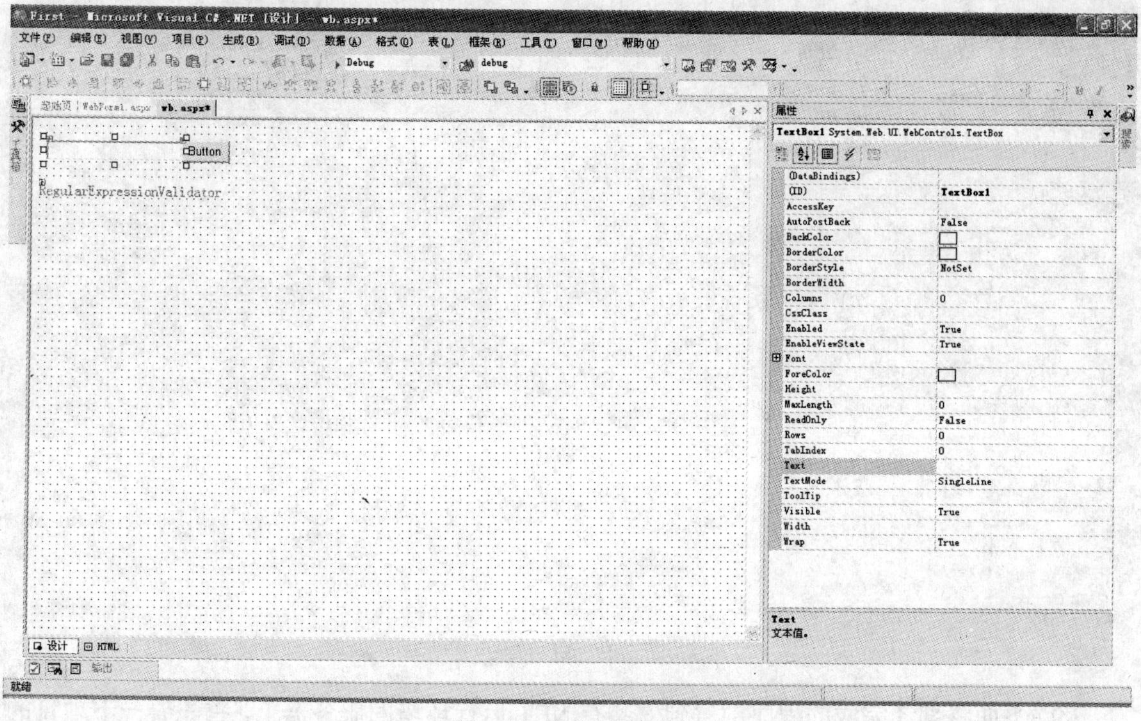

图 1–7　控件属性面板

（7）分别设置添加的 3 种控件的属性如下。

TextBox 控件：id= tb1，ToolTip="请输入 E-mail"；

验证控件 RegularExpressionValidator:id= rev1,ControlToValidate=tb1，ErrorMessage="输入有误，请输入正确的 E-mail",

ValidationExpression=" \w+([-+.]\w+)*@\w+([-.]\w+)*\.\w+([-.]\w+)*"

Button 控件：id=btn1，Text="验证"

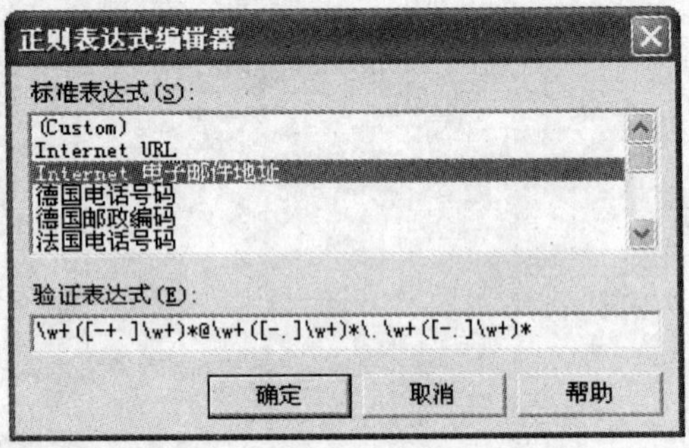

图 1–8 “正则表达式编辑器”对话框

其中，要设置 RegularExpressionValidator 控件的 ValidationExpression 属性，单击属性面板中的“…”（浏览）按钮，打开“正则表达式编辑器”对话框，从中选择相应的验证表达式即可，如图 1–8 所示。

（8）设置完毕后，在窗体上右击，在弹出的快捷菜单中选择“在浏览器中查看”命令，也可以在窗体右面的“解决方案资源管理器”中右击该窗体文件，在弹出的快捷菜单中选择“设置为起始页”命令，然后选择“调试”→“启动”命令，如图 1–9 所示。浏览页面，输入错误的 E-mail，单击“验证”按钮就会出现如图 1–10 所示的效果。

图 1–9 启动程序

（9）下面将编译完成的程序部署到安装有.NET 运行环境的服务器上。首先看一下项目的文件目录，如图 1–11 所示。只要将 aspx、aspx.resx 类型文件、bin 文件以及 Web.config 文件

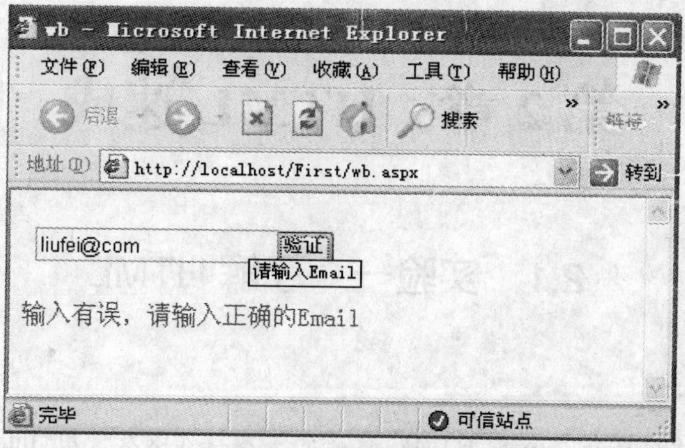

图 1-10　测试程序

复制到新建的虚拟目下即可，因为服务器中的源代码已经编译成为.dll 文件放在 bin 文件中了。新建虚拟目录可以参考实用教程，这里就不再赘述了。

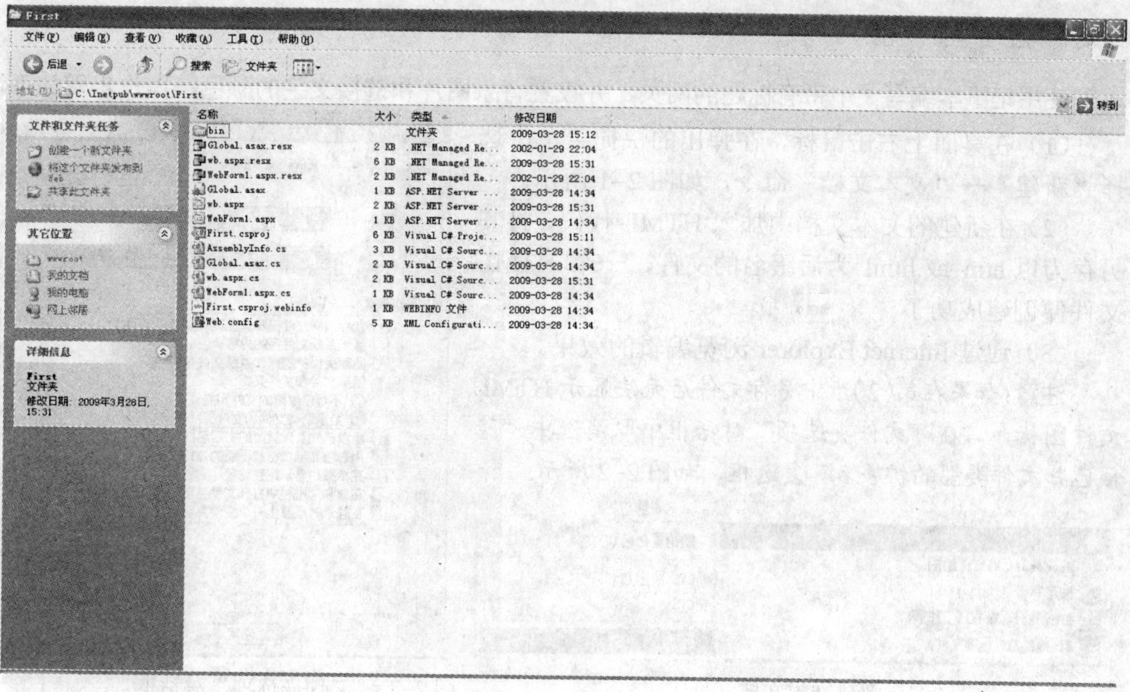

图 1-11　程序文件

1.2　思考与练习

1. 将实验的项目通过 IIS 发布成名称为 second 的虚拟目录。
2. 如何测试一个新建的 aspx 文件？
3. 建立一个测试服务器运行环境安装成功的 aspx 文件。

第 2 章　HTML 速成

2.1　实验一　了解 HTML

实验目的

1. 掌握使用“记事本”编辑 HTML 代码的基本操作以及使用 Internet Explorer 测试 HTML 文件的操作。

2. 掌握 head、title、body 等基本标记的用法。

3. 能够利用文本编辑器建立 HTML 文档，制作简单的网页。

实验内容

使用记事本编写一个带有标题的网页，并设置背景图片和链接文字的颜色，操作步骤如下。

（1）在桌面上右击鼠标，在弹出的快捷菜单中选择“新建”→“文本文档”命令，如图 2–1 所示。

（2）在新建的文本文档中加入 HTML 代码，将其另存为以.htm 或.html 为后缀名的文件，一个 HTML 文件便创建成功了。

（3）通过 Internet Explorer 浏览编辑的效果。

注意：如果在第(2)步中另存文件后无法显示 HTML 文件图标，需在“文件夹选项”对话框中取消选中“隐藏已知文件类型的扩展名”复选框，如图 2–2 所示。

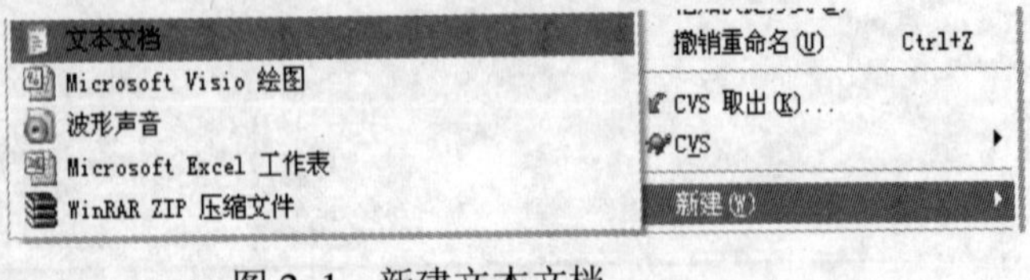

图 2–1　新建文本文档

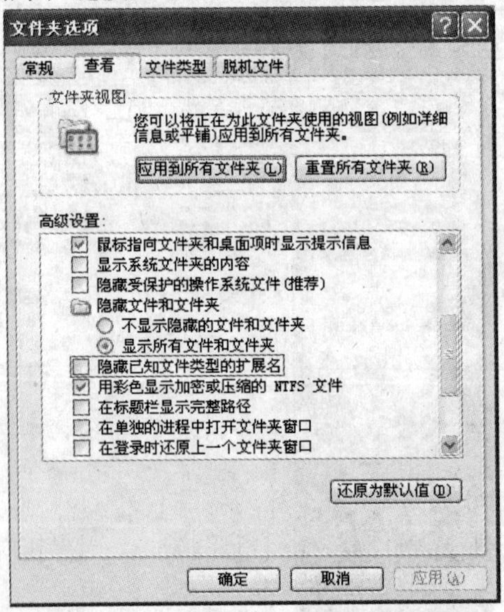

图 2–2　“文件夹选项”对话框

参考代码如下：

```
<html>
    <head>
        <title>我的个人主页</title>
    </head>
    <body background="./images/b.jpg" alink=#ff0066 link=#ff3366 vlink=#00cc66>
    自我介绍
    <br>
```

```
    <hr>
    刘飞
    <br>
    计算机专业
    <br>
    这是我开始学习 HTML 的第一步
    <br>
    <a href="#">详细情况</a>
    </body>
</html>
```

浏览网页，可以看到如图 2–3 所示的页面。

有许多 HTML 可视化的编辑软件如 Dreamweaver、FrontPage 等，但在熟悉了 HTML 的标记后会发现，在 Visual Studio.NET 2003 编辑窗口中手写 HTML 代码会更加得心应手，因为 Visual Studio.NET 2003 有代码提示功能和自动检测页面命名冲突的功能等，如图 2–4 所示。即使没有记住标记的属性，也没有关系。

图 2–3　个人主页网页结果

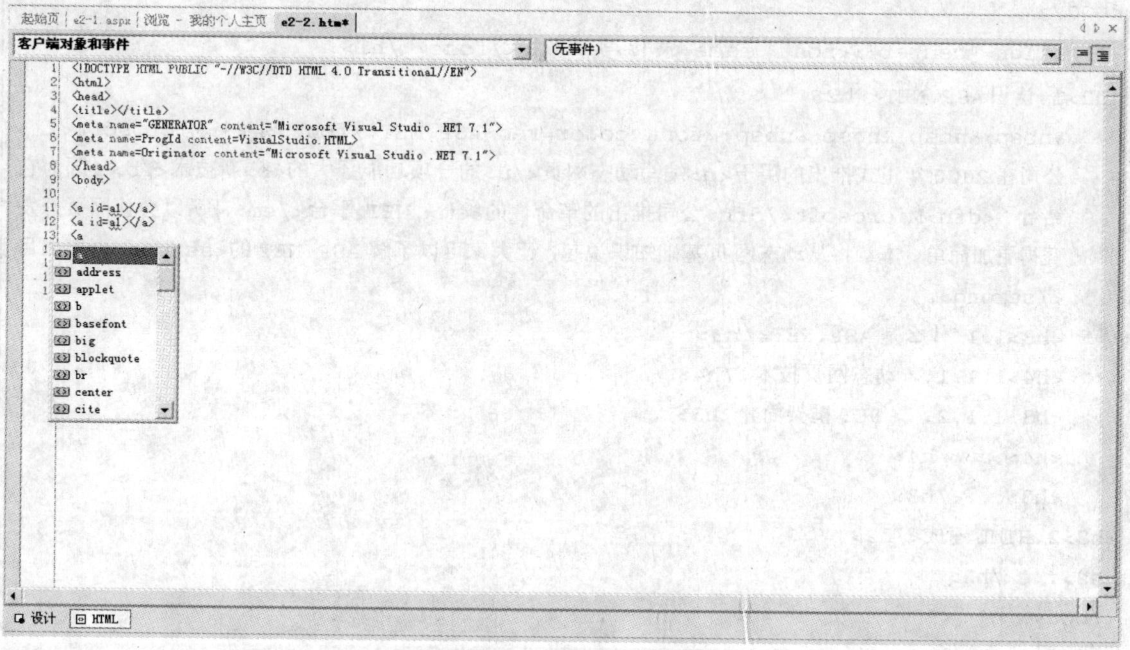

图 2–4　Visual Studio 2003 编辑窗口

2.2 实验二 熟悉 HTML 标记

实验目的

1. 掌握 FONT 标记的用法。
2. 了解常用物理字符样式和逻辑字符样式。
3. 了解文字布局的常用标记。
4. 掌握图片标记的用法及属性设置。
5. 掌握链接标记的用法。
6. 掌握有序列表、无序列表的创建方法。

实验内容

1. 字体标记的使用

具体要求：实现如 Word 中带有各级标题的文字格式，文章中的文字使用常用物理字符样式和逻辑字符样式。

参考代码如下：

```
<html>
<head>
<title>实训教程</title>
</head>
<body>
<h1 align="center"><font  face=隶书>实训教程</font></h1>
<h2>1.认识 ASP.NET</h2>
        <font  color=red>ASP.NET</font>是<i>Microsoft</i>
    公司在 2000 年正式推出的用于<u>编写动态网页</u>的一项功能强大的<b>新技术</b>。因为它
    结合了<dfn>Microsoft</dfn>公司推出的革命性的<em>.NET 平台</em>，所以会让网页开发
    变得更加简单。本章将从动态网页基础知识说起，让大家可以了解 ASP.NET 的<strong>真实面目
    </strong>。
    <h3>1.1.什么是 ASP.NET</h3>
    <h4>1.1.1.  动态网页技术</h4>
    <h3>1.1.2.  .NET 框架简介<h3>
    <h4>...</h4>
    <h3>...</h3>
<h2>2.HTML 速成</h2>
<h2>...</h2>
</body>
</html>
```

浏览网页，可以看到如图 2–5 所示的页面。

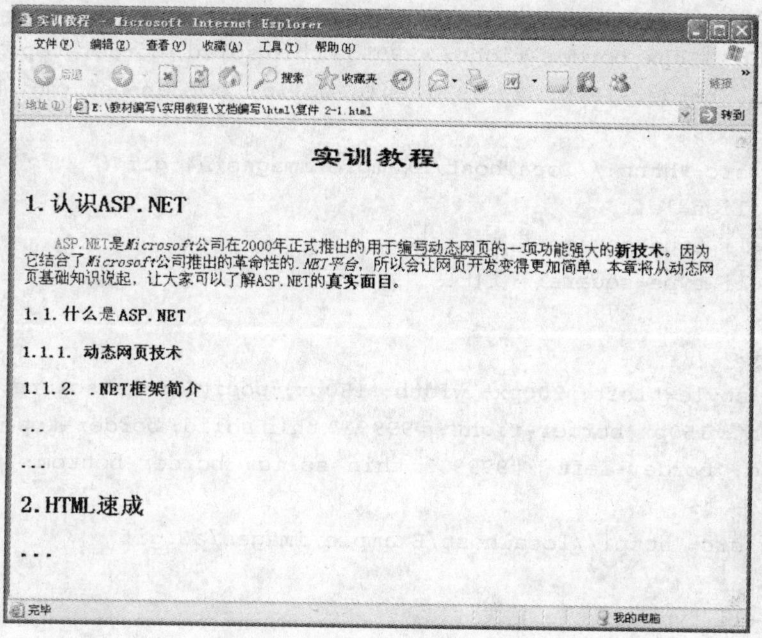

图 2–5　实训教程网页运行结果

2. 文字布局、图片和列表标记的使用

具体要求：使用 div 标记实现页面任意位置布局，div 标记内嵌套图片、列表标记，下面实现一个简单的宠物介绍网页供参考。

参考代码如下：

```
<html>
    <head>
        <title>宠物介绍</title>
    </head>
    <body>
    <center>
    <h4>宠物介绍</h4>
        </center>
        <div style="left: 100px; width: 150px; position: absolute; top: 100px;
        height: 150px;border-right: #999933 thin solid; border-top: #999933 thin
        solid; border-left: #999933 thin solid; border-bottom: #999933 thin
        solid; ">
        <img src="http://localhost/Example/images/a2.gif">
        <ul>
            <LI type=disc>懒
            <LI type=disc>笨
       </ul>
```

```
    </div>
    <div style="left: 350px; width: 150px; position: absolute; top: 100px;
    height: 150px;border-right: #999933 thin solid; border-top: #999933 thin
    solid; border-left: #999933 thin solid; border-bottom: #999933 thin
    solid; ">
    <img src="http://localhost/Example/images/a4.gif">
    <ul align=left>
        <li type=square>忠实
        <li type=square>有责任心
    </ul>
    </div>
    <div style="left: 200px; width: 150px; position: absolute; top: 300px;
    height: 150px;border-right: #999933 thin solid; border-top: #999933 thin
    solid; border-left: #999933 thin solid; border-bottom: #999933 thin
    solid; ">
    <img src="http://localhost/Example/images/a5.gif">
    <ul>
        <li type=circle>活泼
        <li type=circle>可爱
    </ul>
    </div>
  </body>
</html>
```

浏览网页，可以看到如图 2–6 所示的页面。

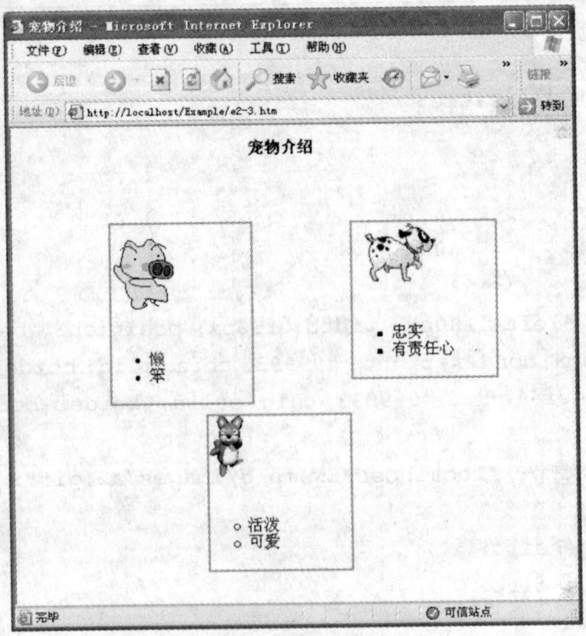

图 2–6　宠物介绍网页运行结果

2.3　实验三　表格练习

实验目的

1. 熟练掌握 table 标记的用法。
2. 掌握 tr、td 标记的关系及其内部布局。
3. 掌握表格嵌套的用法。

实验内容

制作一个简单的个人简历网页，要求跨多行、多列，表格嵌套。

参考代码如下：

```
<html>
    <head>
        <title>个人简历</title>
    </head>
    <body bgcolor="#ffffff" leftmargin="0" topmargin="0">
        <table  cellspacing="0"  bordercolordark="#ffffff"  cellpadding="0"
        bgcolor="#d6f4ff" bordercolorlight="#0099cc" border="1">
            <tbody>
                <tr>
                    <td width="100%" colspan="5">
                        <table width="100%">
                            <tr>
                                <td><p align="center">
                                    <b><u>我的个人简历</b></p>
                                    </u></td>
                            </tr>
                        </table>
                    </td>
                </tr>
                <tr>
                    <td align="left" width="108" colspan="5"><b>基本信息</b>
                    </td>
                </tr>
                <tr>
                    <td align="right">姓名：</td>
                    <td> ×××</td>
```

```
        <td align="right">性别：</td>
        <td> 女</td>
        <td valign="middle" align="center" rowspan="5">
            <img src="./images/girl.gif">
        </td>
    </tr>
    <tr>
        <td align="right">出生日期：</td>
        <td> 1984-05-24</td>
        <td align="right">民族：</td>
        <td> 汉族</td>
    </tr>
    <tr>
        <td align="right">户口所在地：</td>
        <td> 河北</td>
        <td align="right">目前所在地：</td>
        <td> 天津</td>
    </tr>
    <tr>
        <td align="right">婚姻状况：</td>
        <td> 未婚</td>
        <td align="right">最高学历：</td>
        <td> 本科</td>
    </tr>
    <tr>
        <td align="right">毕业院校：</td>
        <td> 河北大学</td>
        <td align="right">毕业日期：</td>
        <td> 2005-07-01</td>
    </tr>
    <tr>
        <td align="right">所学专业类别：</td>
        <td> <font color="#ff0000">计算机类</font></td>
        <td align="right">专业名称：</td>
        <td colspan="2"> <font color="#ff0000"> 信息管理</font>
        </td>
    </tr>
    <tr>
        <td width="100%" colspan="5"><b>求职意向</b></td>
```

```
</tr>
<tr>
    <td align="right" width="20%">求职类型：</td>
    <td width="30%"> 全职</td>
    <td align="right" width="20%">月薪要求：</td>
    <td width="30%" colspan="2"> 月薪[5000]RMB</td>
</tr>
<tr>
    <td align="right" width="20%" height="25">应聘岗位职能：</td>
    <td width="30%"> <font color="#ff0000">网页设计/电脑美
    工</font></td>
    <td align="right" width="20%">应聘职位名称：</td>
    <td width="30%" colspan="2"> <font color="#ff0000">
    网页设计</font></td>
</tr>
<tr>
    <td align="right" width="20%" height="25">希望工作地点：</td>
    <td width="30%"> 石家庄</td>
    <td align="right" width="20%"> 其他工作地点：</td>
    <td width="30%" colspan="2" rowspan="1"> 北京</td>
</tr>
<tr>
    <td width="100%" colspan="5"><b>个人特长</b></td>
</tr>
<tr>
    <td align="right" width="20%" height="25">外语语种：</td>
    <td width="30%"> 英语</td>
    <td align="right" width="20%">外语水平：</td>
    <td width="30%" colspan="2" rowspan="1"> 良好
    </td>
</tr>
<tr>
    <td align="right" width="20%" height="25">普通话程度：</td>
    <td width="30%"> 优秀</td>
    <td align="right" width="20%">计算机能力：</td>
    <td width="30%" colspan="2" rowspan="1"> 优秀
    </td>
</tr>
<tr>
```

```
                <td width="100%" colspan="5"></td>
            </tr>
        </tbody>
    </table>
  </body>
</html>
```

浏览网页，可以看到如图 2–7 所示的页面。

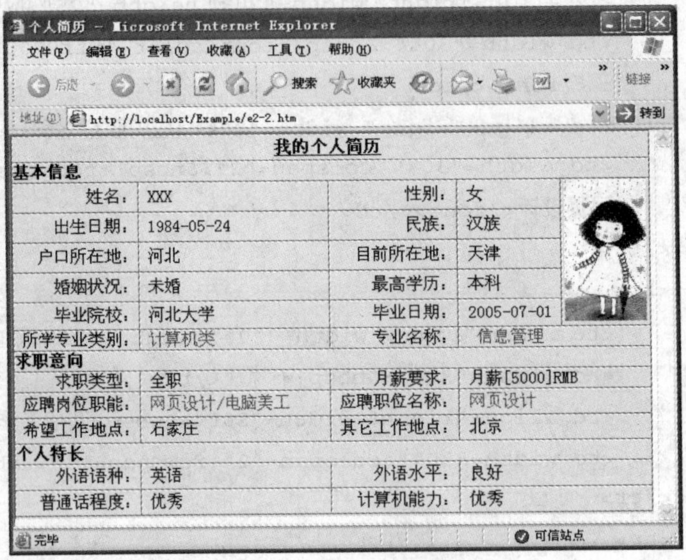

图 2–7 个人简历网页运行结果

2.4 实验四 多视窗练习

实验目的

1. 熟练掌握多视窗的创建和排列设置方法。
2. 掌握多视窗之间的联系。

实验内容

实现上中下分割窗体的效果，并模拟门户网站的导航菜单建立一个简单的导航菜单。

参考代码如下：

```
<html>
  <head>
    <title>由上而下的层次结构框架集</title>
    <meta http-equiv="Content-Type" content="text/html; charset=gb2312">
```

```
        <meta name="GENERATOR" content="Microsoft Visual Studio.NET 7.1">
        <meta content="http://schemas.microsoft.com/intellisense/ie5" name=
        "vs_targetSchema">
    </head>
    <frameset rows="64,61%,28%">
        <frame name="top" src="t1.htm" scrolling="no" frameborder="no">
        <frame name="middle" src="t2.htm" frameborder="no">
        <frame name="bottom" src="t3.htm" frameborder="no">
        <noframes>
        </noframes>
    </frameset>
</html>
```

t1.htm 部分代码如下：

```
<center><a href="e1.htm" target=middle>首页</a>|<a href="e2.htm" target=middle>
新闻</a>|<a href="e3.htm" target=middle>社区</a>|<a href="e4.htm" target=middle>
经济</a>|<a href="e5.htm" target=middle>娱乐</a>|<a href="e6.htm" target=middle>
数码</a>|<a href="e7.htm" target=middle>下载</a>
<hr></center>
```

浏览网页，可以看到如图 2–8 所示的页面。

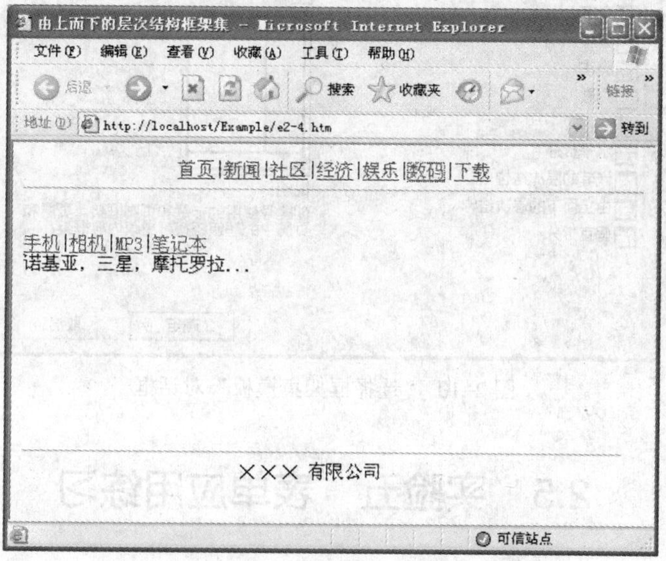

图 2–8　框架集网页运行结果

在 Visual Studio 2003 中创建和设置多视窗特别方便，操作步骤如下。

（1）新建 ASP.NET Web 应用程序后，选择“文件”菜单中的“添加新项”命令，打开如

图 2–9 所示的对话框，选择“框架集”选项，单击“打开”按钮。

（2）打开“选择框架集模板”对话框，如图 2–10 所示，选择需要的框架集模板，单击“确定”按钮。

（3）创建框架集成功，可以通过鼠标拖动框架边框设置框架所占的比例；可以通过设置 frameborder 属性为 no 去掉框架边框。

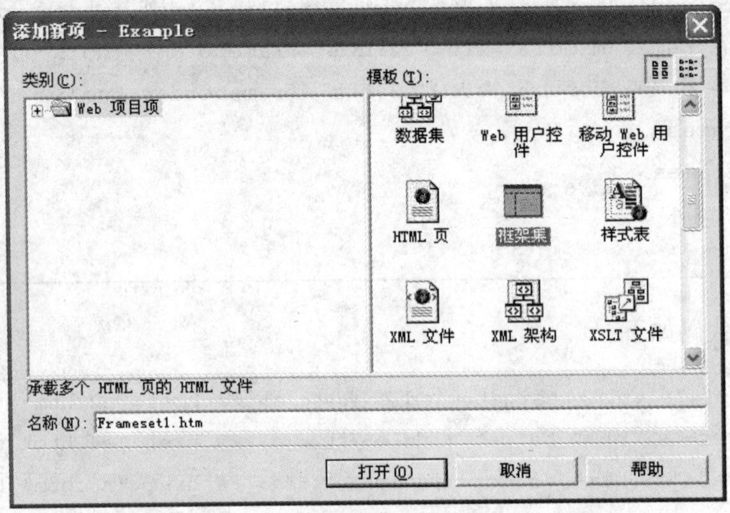

图 2–9 “添加新项”对话框

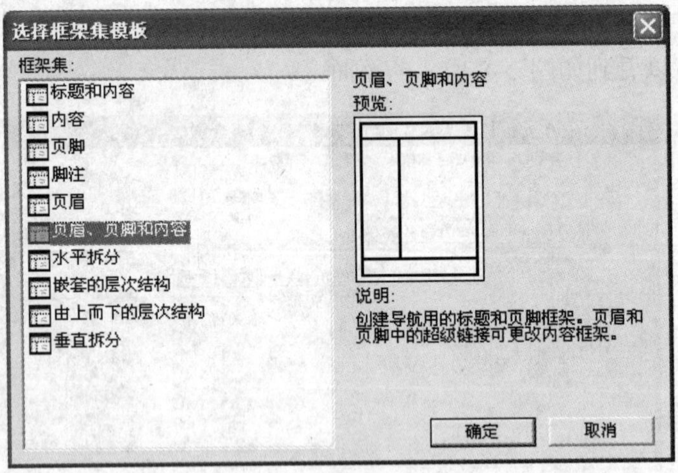

图 2–10 “选择框架集模板”对话框

2.5 实验五 表单应用练习

实验目的

1. 掌握表单标记、写入标记、列表框的用法。
2. 掌握多视窗之间的联系。

实验内容

实现简单用户注册页面输入功能。

参考代码如下：

```
<!DOCTYPE HTML PUBLIC "-//W3C//Dtd HTML 4.01 Frameset//EN">
<html>
   <head>
      <title>用户注册</title>
      <script language=JavaScript>
      function t()
      {
         if ( document.all.Text2.value != document.all.Text3.value)
         {
            alert("两次输入的用户名不一致，请重新输入");
            document.all.Text2.value="";
            document.all.Text3.value="";
            return;
         }
         str="您输入的信息如下：\n";


         str+="用户名："+document.all.Text1.value+"\n";
         str+="您爱好：";
         if ( document.all.Checkbox1.checked )
            str+=document.all.Checkbox1.value+"|";
         if ( document.all.Checkbox2.checked )
            str+=document.all.Checkbox2.value+"|";
         if ( document.all.Checkbox3.checked )
            str+=document.all.Checkbox3.value+"|";
         alert(str);
      }
      </script>
   </head>
   <body>
   <form id=f method=get>
      用 户 名   : <input name="T1" type="text" id="Text1"
      style="width: 144px; height: 21px" size="18"><br>
      密  码   : <input name="T1" type="password"
      ID="Text2"><br>
      确认密码 : <input name="T1" type="password" id="Text3"><br>
```

```
        爱  好   : <input name="C1" type="checkbox"
        value="读书" id="Checkbox1">
        读书 <input checked name="C2" type="checkbox" value="运动" id=
        "Checkbox2"> 运动<input name="C3" type="checkbox" value="听音乐" id=
        "Checkbox3">
        听音乐<br>

    </form>
    <input name="B1" type="button" value="提交" id="Submit1" onclick="t()">
    <input name="B1" type="reset" value="重置" id="Reset1">
    </body>
</html>
```

浏览网页，可以看到如图 2–11 所示的页面。

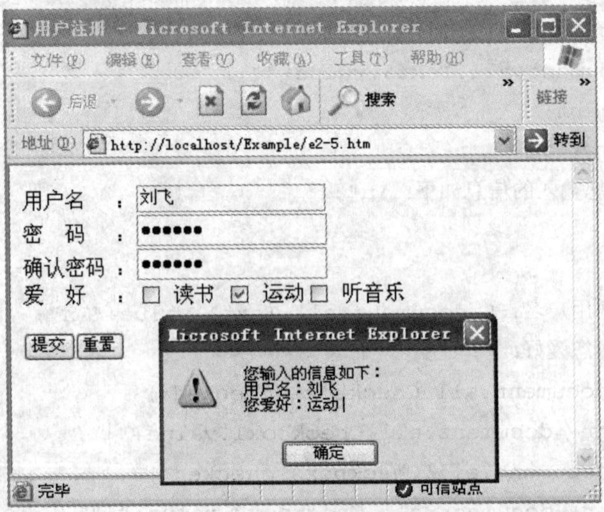

图 2–11 用户注册网页运行结果

该实验中用到了脚本语言 JavaScript，它是一种很重要的客户端脚本语言，要开发 Web 应用程序就应该熟练掌握 JavaScript 语言。

2.6 思考与练习

1. 在 Visual Studio 2003 中编写一个自我介绍的 HTML 文件。
2. 建立一个静态个人主页，包括文字、图片和列表。
3. 用 table 标记实现课程表格式。
4. 实现一个左右分割的窗体，并控制左窗体的链接在右窗体中打开显示。
5. 设计一个在线选课表单，提交后能够获取填写的内容。

第 3 章　C# 速 成

3.1　实验一　了解 C#运行环境

实 验 目 的

1. 学习使用记事本编辑 C#文件。
2. 掌握环境变量的设置方法。
3. 练习使用 csc 命令编译运行示例 C#源程序。
4. 学习使用 Visual Studio.NET 2003 编辑 C#文件。
5. 练习使用 Visual Studio.NET 2003 编译运行示例 C#源程序。
6. 简单了解 C#程序结构体。

实 验 内 容

1. 使用记事本编写 C#程序

要编写 C#程序，需要有文本编辑器。可使用操作系统提供的记事本作为编辑器，打开记事本，在其中输入 C#代码，并将文件保存为扩展名为.cs 的文件，就生成了 C#文件。本例文件名为 e3–1.cs，代码如下：

```
using System;
class Hello
{
    static void Main() {
        Console.WriteLine("您好，欢迎学习 C#");
    }
}
```

用记事本编写的 C#文件如何生成可以执行的程序呢？使用 C#编译器（csc.exe）进行编译就可以将 C#源程序编译成可执行的程序代码，操作步骤如下。

（1）在“开始”菜单中选择“所有程序”→Microsoft Visual Studio.NET 2003→“Visual Studio.NET 工具”→“Visual Studio.NET 命令提示”命令，如图 3–1 所示，打开“Visual Studio.NET 2003 命令提示”窗口。

（2）在“Visual Studio.NET 2003 命令提示”窗口中输入 csc 命令，/out 参数用于指定要输出的 exe 文件路径和名称，后面为源文件的路径，输入完毕按回车键，会在 E:\exercise 目录下出现文件 e3–1.exe，编译成功。

（3）在命令提示符下输入 E:\exercise\e3–1.exe 后按回车键，出现如图 3–2 所示的程序运行结果。

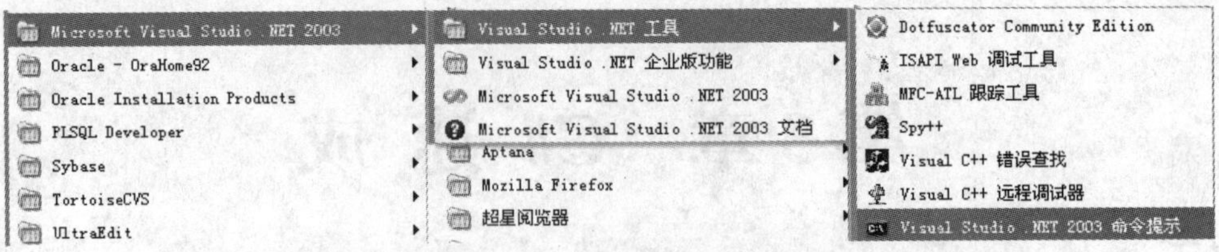

图 3–1　选择“Visual Studio.NET 2003　命令提示”命令

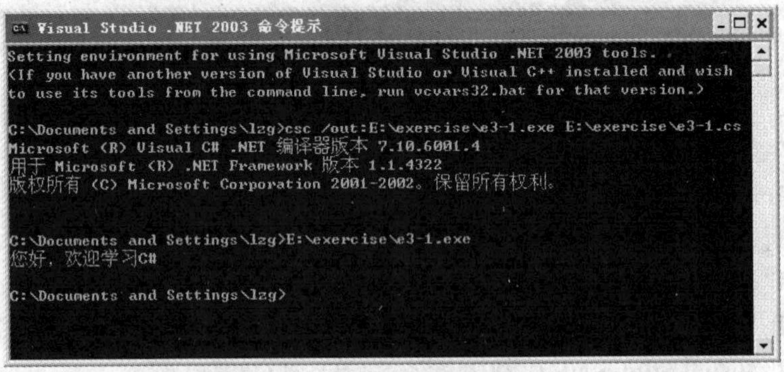

图 3–2　编译、运行 C#源程序

编译时，首先读入 C#源程序，然后进行语法检查，如果出现问题就终止编译。语法检查通过后，生成可执行程序，这样就完成了一个利用记事本来编辑程序文件，用编译命令来编译 cs 文件并执行的过程。

在配置好环境变量的情况下，可以直接在命令提示符窗口中编译 C#程序，而不需要打开“Visual Studio.NET 2003　命令提示”窗口，下面来配置环境变量。

（1）右击桌面上的“我的电脑”图标，在弹出的快捷菜单中选择“属性”命令，打开如图 3–3 所示的对话框。

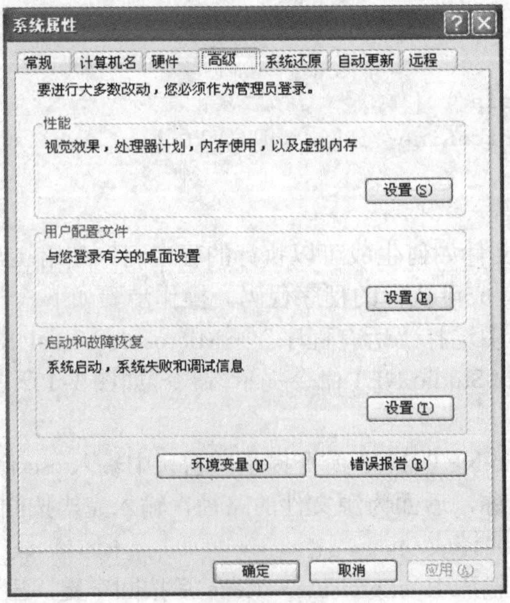

图 3–3　“系统属性”对话框

（2）在“高级”选项卡中单击“环境变量”按钮，打开如图 3–4 所示的“环境变量”对话框。

（3）单击“系统变量”列表框下面的“新建”按钮，打开如图 3–5 所示的“编辑系统变量”对话框，在“变量名”文本框中输入 csc，在“变量值”文本框中输入“C:\WINDOWS\Microsoft.NET\Framework\v1.1.4322”（即 Visual Studio.NET 2003 安装的主目录）。

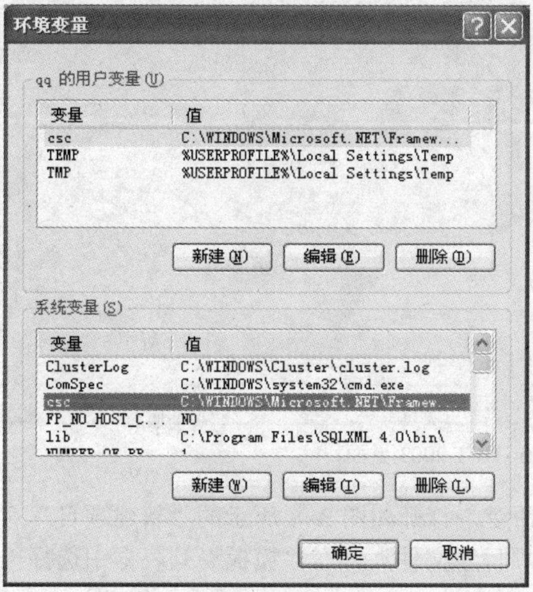

图 3–4 “环境变量”对话框

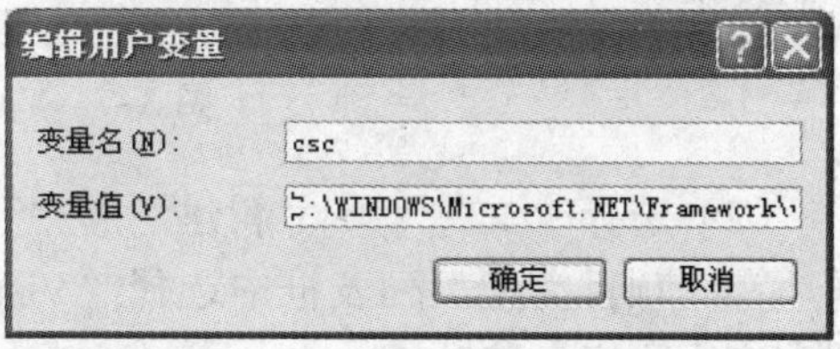

图 3–5 “编辑系统变量”对话框

（4）在图 3–4 所示的“系统变量”列表框中选择 path 变量，然后单击“编辑”按钮，在打开的“编辑系统变量”对话框中，在“变量值”文本框中的命令后添加“;%csc%”。设置完成系统变量后，就可以直接运行 cmd 命令，在打开的命令提示符窗口中输入 csc 命令编译 C#源程序了。

2. 使用 Visual Studio.NET 2003 编辑 C#文件

使用 Visual Studio.NET 2003 编辑、编译 C#文件比记事本方便，下面在 Visual Studio.NET 2003 编辑 C#文件，并进行编译和运行。

（1）在“开始”菜单中选择“所有程序”→Microsoft Visual Studio.NET 2003→Microsoft Visual Studio.NET 2003 命令，如图 3–6 所示，打开如图 3–7 所示的 Visual Studio.NET 2003 界面。

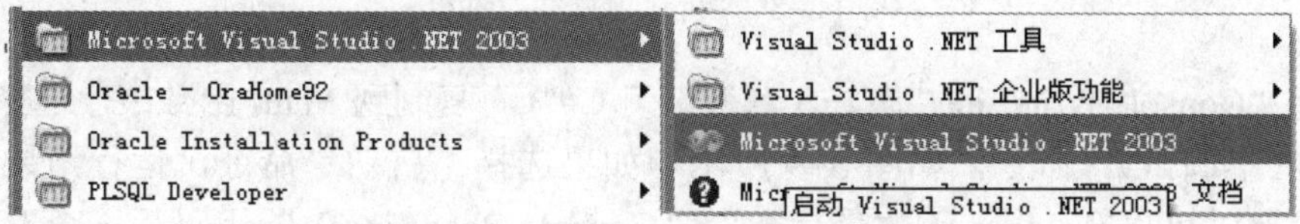

图 3–6 选择“Microsoft Visual Studio.NET 2003”命令

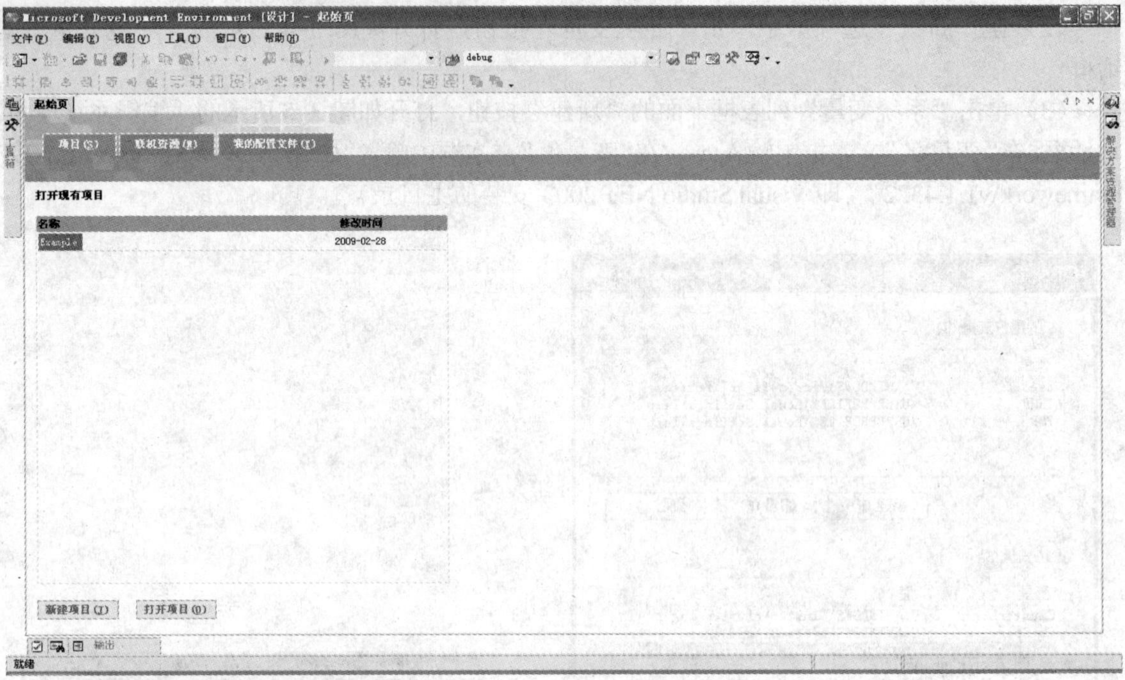

图 3–7 Visual Studio.NET 2003 界面

（2）选择“文件”→“新建”→“项目”命令，打开如图 3–8 所示的“新建项目”对话框，在“项目类型”列表框中选择“Visual C#项目”文件夹，在“模板”列表框中选择“控制台应用程序”选项。

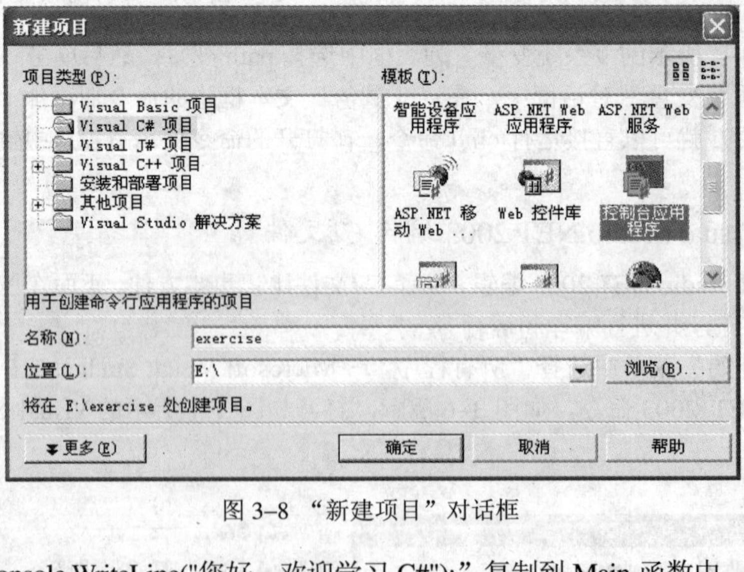

图 3–8 “新建项目”对话框

（3）将“Console.WriteLine("您好，欢迎学习 C#");”复制到 Main 函数中，选择“调试”→“开始执行（不调试）”命令，如图 3–9 所示。如果选择“启动”命令，运行结果窗口会闪一下就消失，此时可以在 Main 函数最后加上“Console.ReadLine();”代码行，查看输出界面，掌握使用此语句控制命令操作符界面的技巧。

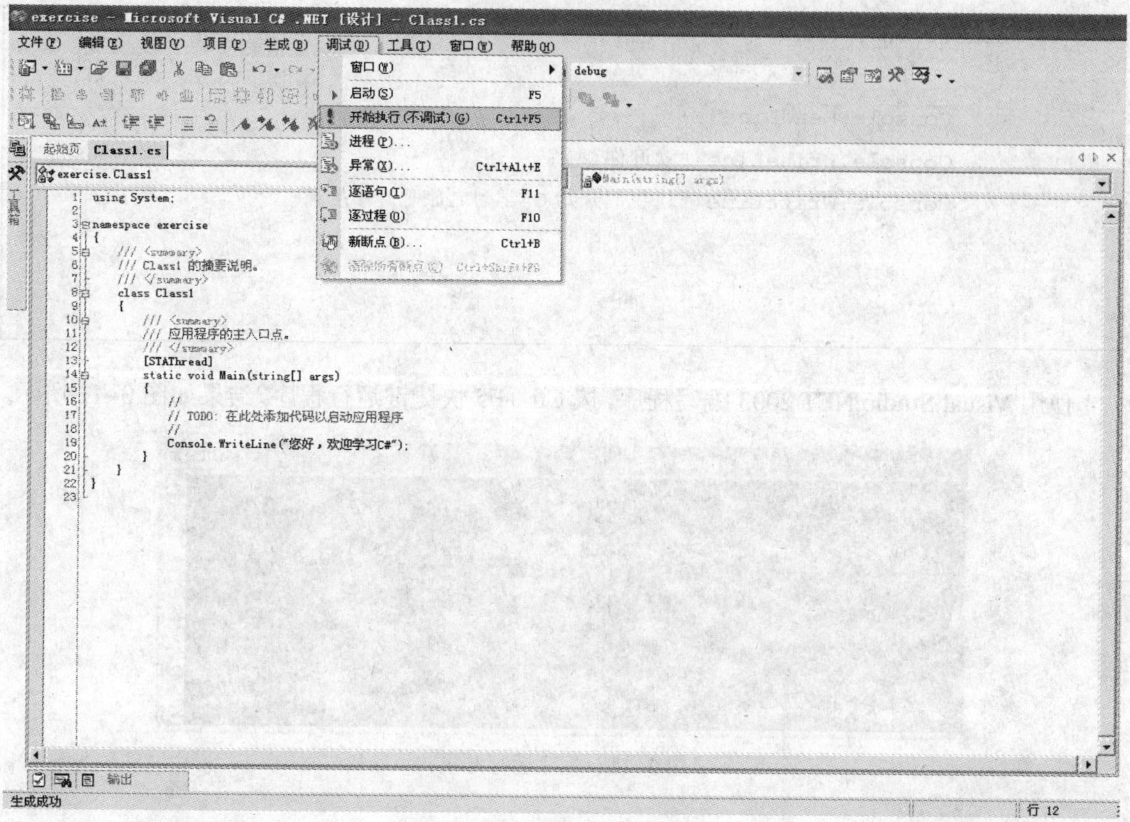

图 3–9　C#文件编辑界面

程序运行结果如图 3–10 所示。

图 3–10　程序运行结果

3. 编写一个输出字符串的程序

参考代码如下：

```
using System;
namespace Hello
{
    public class Hello
    {
```

```
        static void Main()
        {
            Console.ReadLine();
            Console.WriteLine("欢迎你!");
            Console.WriteLine("让我们开始 C#学习之旅吧!");
        }
    }
}
```

使用 Visual Studio.NET 2003 编写程序，按 Ctrl+F5 快捷键运行程序，结果如图 3–11 所示。

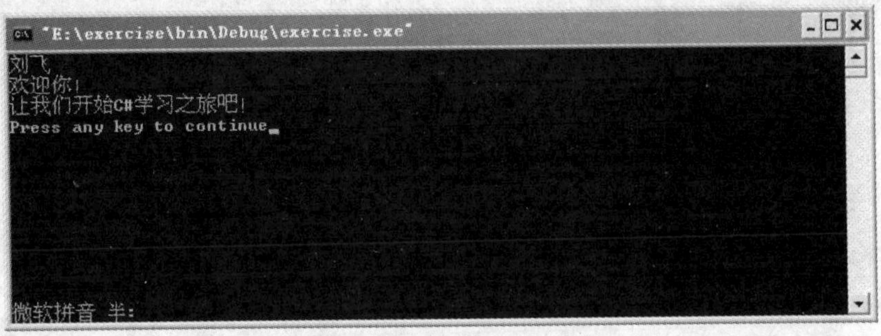

图 3–11 程序运行结果

3.2 实验二 C#数据类型练习

实验目的

1. 掌握 C#的基本语法和数据类型。
2. 掌握 C#数据类型的显式类型转换、隐式类型转换以及混合类型转换。
3. 掌握枚举类型变量的用法。

实验内容

1. 声明不同数据类型的变量

参考代码如下：

```
using System;
using System.Text;
namespace Hello
{
    class Hello
    {
```

```
        static void Main()
        {
            int myInt = 9;
            short myShort = 32765;
            uint myUint = 1;
            float myFloat = 101.14f;
            double myDouble = -119;
            long myLong = 100011;
            decimal myDecimal = -1.88m;

            Console.WriteLine("myInt:{0},myShort:{1},myUint:{2},myFloat:{3}",
            myInt, myShort,myUint,myFloat);

            Console.WriteLine("myDouble:{0},myLong:{1},myDecimal",myDouble,
            myLong,myDecimal);
            Console.ReadLine();
        }
    }
}
```

运行结果如图 3–12 所示。

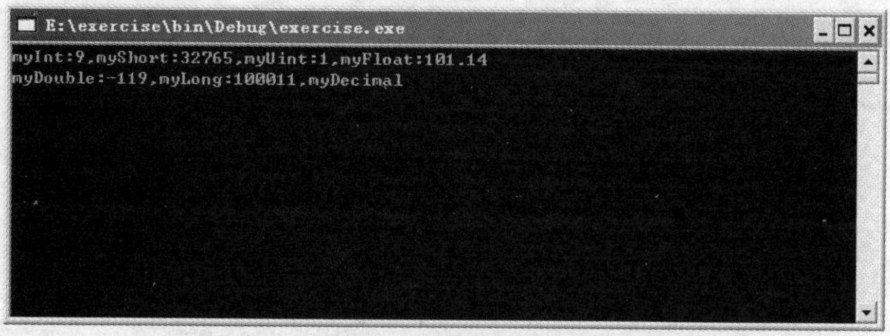

图 3–12 输出不同类型数据的程序运行结果

可以通过修改各类型数据的取值，然后编译并运行该程序来检验各数据类型的取值范围。

2. 实现字符与数字的显式类型转换、隐式类型转换以及混合类型转换

参考代码如下：

```
using System;
using System.Text;
namespace Hello
{
```

```
class Hello
{
    static void Main()
    {
        short  shortResult, shortVal = 5;
        int    integerVal = 67;
        long   longResult;
        float  floatVal = 11.5F;
        double doubleResult, doubleVal = 199.999;
        string stringResult, stringVal = "18";
        bool   boolVal = true;
        Console.WriteLine("变量转化实例\n");
        doubleResult = floatVal * shortVal;
        Console.WriteLine("隐式类型转换,→double: {0} * {1}→{2}", floatVal,
            shortVal, doubleResult);
        shortResult = (short)floatVal;
        Console.WriteLine("显式类型转换,→short: {0}→{1}", floatVal,
            shortResult);
        stringResult = Convert.ToString(boolVal) +
            Convert.ToString(doubleVal);
        Console.WriteLine("显式类型转换,→string: \"{0}\" + \"{1}\"→{2}",
            boolVal, doubleVal, stringResult);
        longResult = integerVal + Convert.ToInt64(stringVal);
        Console.WriteLine("混合类型转换,  → long:  {0} + {1} → {2}",
            integerVal, stringVal, longResult);
        Console.ReadLine();
    }
}
}
```

运行结果如图 3–13 所示。

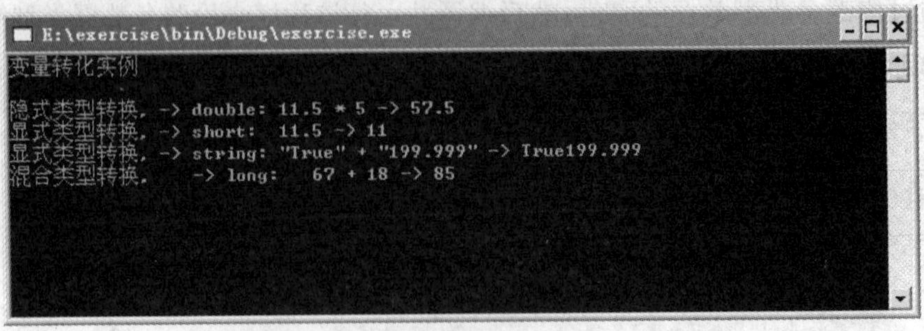

图 3–13　数据类型转换程序运行结果

3. 编写一个带有枚举类型数据的 C#程序

参考代码如下：

```
using System;
using System.Text;
namespace Hello
{
        class Hello
        {
            enum weekday : byte
            {
                Sunday = 1,
                Monday = 2,
                Tuesday= 3,
                Wednesday=4,
                Thursday=5,
                Friday=6,
                Saturday=7
            }
            static void Main(string[] args)
            {
                byte dayByte;
                string dayString;
                weekday myDay = weekday.Saturday;
                Console.WriteLine("myDirection = {0}", myDay);
                dayByte = (byte)myDay;
                dayString = Convert.ToString(myDay);
                Console.WriteLine("byte equivalent = {0}", dayByte);
                Console.WriteLine("string equivalent = {0}", dayString);
                Console.ReadLine();
            }
        }
}
```

运行结果如图 3–14 所示。

图 3–14　带有枚举类型数据的程序运行结果

分析以上程序输出结果，想一想 Enum 的默认类型是什么，直接输出 myDay 和(byte) myDay 有什么区别。

3.3 实验三 C#运算符练习

实验目的

1. 熟悉 C#常用运算符的计算规则。
2. 掌握 C#常用运算符的计算优先级。

实验内容

1. 实现对两个数字进行算术运算的程序

输入两个数值 a、b，打印对 a、b 进行加、减、乘、除、取余操作的结果。

参考代码如下：

```
using System;
using System.Collections;
class Test
{
    private static ArrayList_prime=new ArrayList();
    public static void Main()
    {
        double d1, d2;
        Console.WriteLine("请输入第一输入数值: ");
        d1 = Convert.ToDouble(Console.ReadLine());
        Console.WriteLine("请输入第二输入数值: ");
        d2 = Convert.ToDouble(Console.ReadLine());
        Console.WriteLine("{0} 加 {1} 的和为 {2}.",d1,
            d2, d1 + d2);
        Console.WriteLine("{0} 减 {1} 的差为 {2}.",
            d1, d2, d1 - d2);
        Console.WriteLine("{0} 与 {1} 的积为 {2}.", d1,
            d2, d1 * d2);
        Console.WriteLine("{0} 与 {1} 的商为 {2}.",
            d1, d2, d1 / d2);
        Console.WriteLine("{0} 与 {1} 求余为 {2}.",
            d1, d2, d1 % d2);
    }
}
```

可以通过编写程序，测试/运算符在操作数类型不同时会出现不同的操作结果，如 14/4、14/4.0 的计算结果为 double 或 float 类型时不同。运行以上代码，结果如图 3–15 所示。

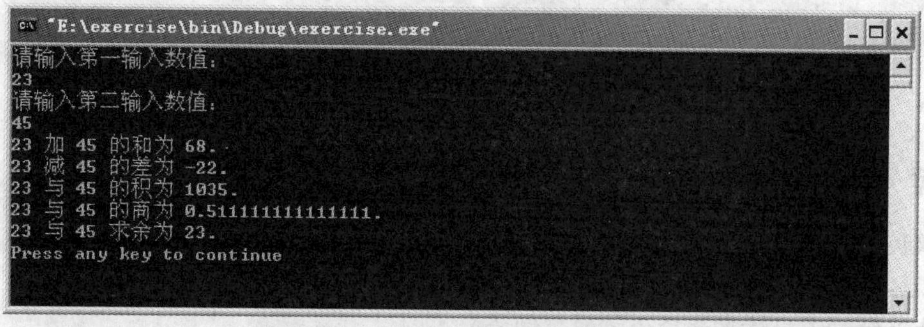

图 3–15　算术运算程序运行结果

2. 使用关系运算符和逻辑运算符

参考代码如下：

```
using System;
using System.Collections;
class Test
{
    public static void Main()
    {
        Console.WriteLine("你的月收入金额（数值类型）：");
        int i = Convert.ToInt32(Console.ReadLine());
        Console.WriteLine("输入数值为正数？ {0}", i > 0);
        Console.WriteLine("输入数值小于100？ {0}", i < 100);
        Console.WriteLine("输入数值在100到1000之间？ {0}",
            (100 <= i) && (i <= 1000));
        Console.WriteLine("输入数值与10进行&={0}", i & 10);
        Console.WriteLine("输入数值与10进行^={0}", i ^ 10);
        Console.WriteLine("输入数值与10进行|={0}", i |10);
    }
}
```

程序运行结果如图 3–16 所示。

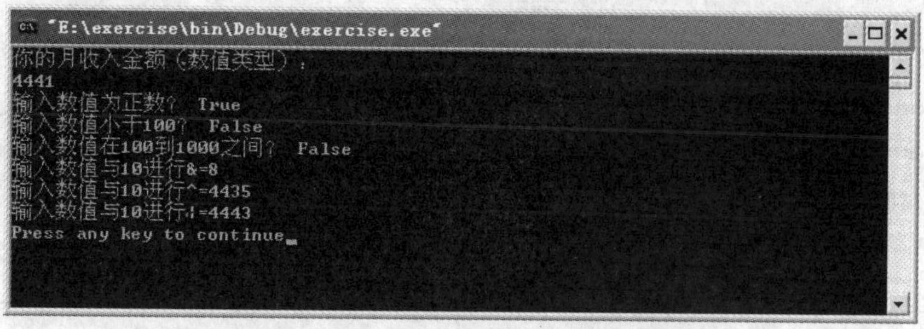

图 3–16　关系运算和逻辑运算程序运行结果

3.4 实验四 C#控制结构练习

实验目的

1. 掌握 C#控制语句的使用方法。
2. 了解 C#控制语句的执行过程。
3. 能够针对不同情况选择合适的控制语句。

实验内容

1. 使用简单的选择语句对输入数值进行比较

参考代码如下：

```
using System;
class Test
{
    public static void Main()
    {
        string comparison;
        Console.WriteLine("请输入数值 1:");
        double var1 = Convert.ToDouble(Console.ReadLine());
        Console.WriteLine("请输入数值 2:");
        double var2 = Convert.ToDouble(Console.ReadLine());
        if (var1 < var2)
            comparison = "小于";
        else
        {
            if (var1 == var2)
                comparison = "等于";
            else
                comparison = "大于";
        }
        Console.WriteLine("数值 1 is {0} 数值 2.", comparison);
        Console.ReadLine();
        //命令为 exit 表示退出程序
    }
}
```

运行结果如图 3-17 所示。

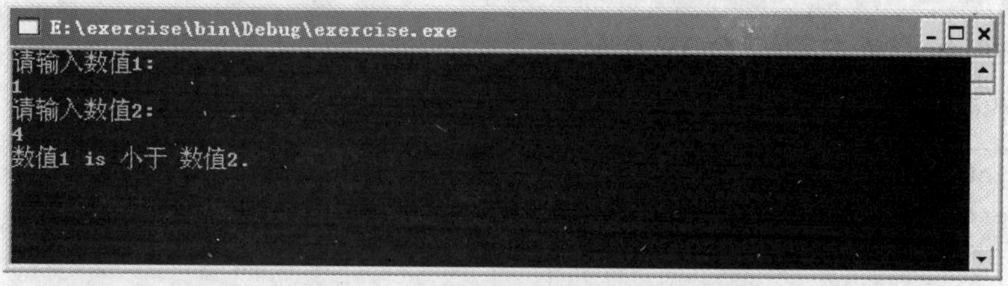

图 3–17 使用选择语句的程序运行结果

2. 通过使用循环控制语句输出九九乘法表

参考代码如下：

```
using System;
class Test
{
    public static void Main()
    {
        for (int i = 1; i <= 9; i++)
        {
            for (int j = 1; j <= i; j++)
            {
                Console.Write("{0}x{1}={2}\t", i, j, i * j);//计算并格式化输出九九
                                                              表的内容

            }
            Console.WriteLine();                              //换行
        }
    }
}
```

运行结果如图 3–18 所示。

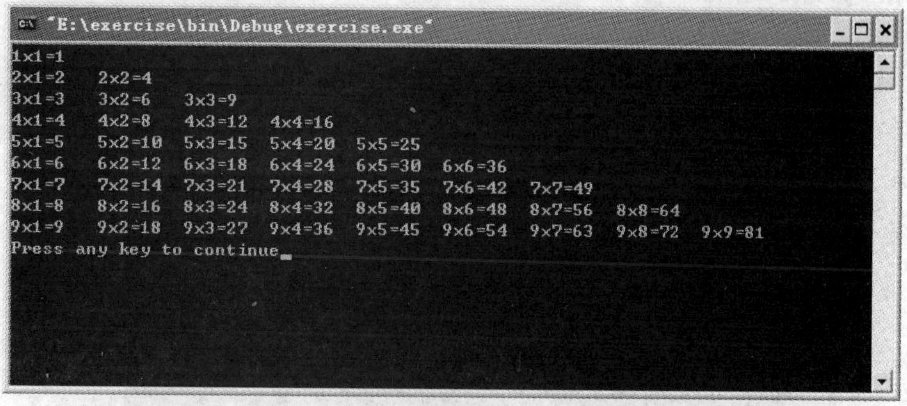

图 3–18 九九乘法表程序运行结果

试着使用 while、do while 语句修改以上程序，思考三者之间的执行过程有什么不同之处。

3. 使用控制语句模拟 DOS 命令

参考代码如下：

```
using System;
class Test
{
    public static void Main()
    {
        string command;                    //存储命令
        do
        {
            Console.Write("\\>");         //显示输入符
            command=Console.ReadLine();//获取用户输入命令
            switch(command)                //执行用户命令
            {
                case "open":
                    Console.WriteLine("你输入了{0}命令",command);
                    Console.WriteLine("系统正在执行，请稍等......");
                    break;
                case "close":
                    Console.WriteLine("你输入了{0}命令", command);
                    Console.WriteLine("系统正在执行，请稍等......");
                    break;
                case "exit":
                    break;
                default:
                    Console.WriteLine("你输入的命令不正确，请重新输入");
                    break;
            }
        }while(command!="exit");          //命令为 exit 表示退出程序
    }
}
```

运行结果如图 3–19 所示。

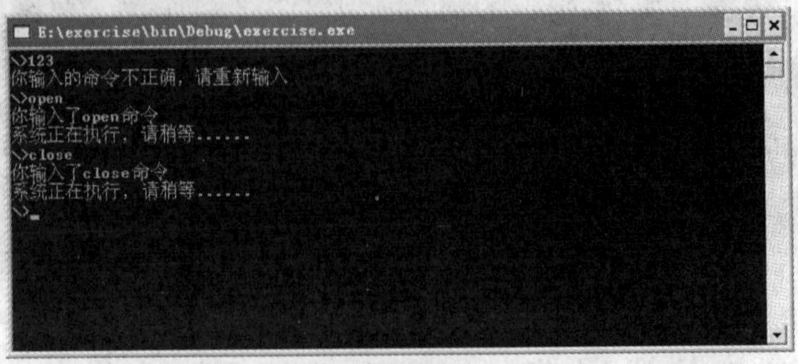

图 3–19 使用控制语句模拟 DOS 命令程序运行结果

4. 实现判断输入年份是否为闰年的程序

参考代码如下：

```
using System;
using System.Collections;
class Test
{
    private static ArrayList _prime=new ArrayList();
    public static void Main()
    {
        String sYear;
        int year;
        Console.WriteLine("请输入你所要判断的年份:");
        sYear = Console.ReadLine();

        year = int.Parse(sYear);

        while (year != 0)
        {
            if ((year % 4 == 0) && (year % 100 != 0))
            {
                Console.WriteLine(year.ToString() + "是闰年,可以继续输入查询年份,
                输入 0 结束程序");
            }
            else
            {
                if (year % 400 == 0)
                {
                    Console.WriteLine(year.ToString() + "是闰年,可以继续输入查询
                    年份,输入 0 结束程序");
                }
                else
                {
                    Console.WriteLine(year.ToString() + "不是闰年,可以继续输入查
                    询年份,输入 0 结束程序");
                }
            }
```

```
            sYear = Console.ReadLine();

            year = int.Parse(sYear);
        }
    }
}
```

在以上程序中循环语句 while 的结束条件为 0，所以输入 0 时可以退出程序。其中，int.Parse(sYear)的作用是将输入的字符转换为数值进行计算。运行程序，多次输入年份，可以看到如图 3–20 所示的结果。

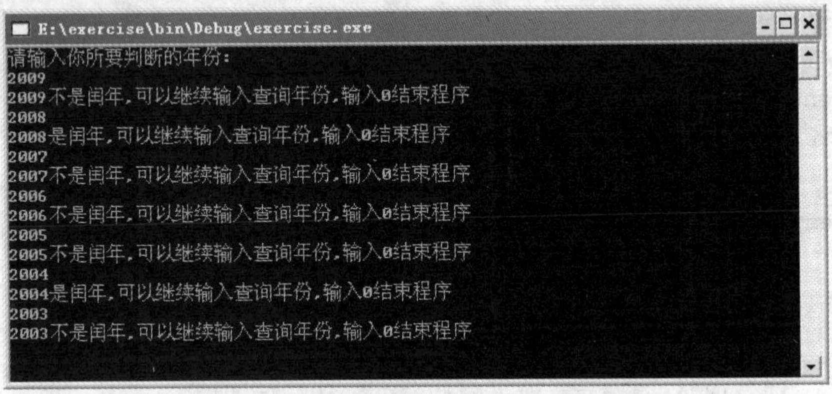

图 3–20　判断一个年份是否为闰年的程序运行结果

3.5　实验五　C#数组练习

实验目的

1. 了解数组的概念，掌握数组的声明、初始化方式。
2. 了解多维数组的定义和声明，理解规则数组和不规则数组在用法上的区别。
3. 掌握数组转换和数组排序方法。

实验内容

1. 一维数组的使用

程序功能要求：创建商品销售金额清单，输入每种商品的销售金额，计算出利润后，打印各商品的利润及总利润值。

参考代码如下：

```
using System;
class arrayTest
```

```
{
    public static void Main()
    {
        const decimal r = 0.2m;
        decimal [] m;
        decimal sum=0;
        m = new decimal [5];
        Console.WriteLine("请输入{0}种商品的销售金额：", m.Length);

        for (int i = 0; i < m.Length; i++)
        {
            Console.Write("请输入商品{0}的销售金额：  ", i);
            m[i] = Convert.ToDecimal(Console.ReadLine());
        }

        Console.WriteLine("\n以下是各种商品的销售情况：\n");
        for (int i = 0; i < m.Length; i++)
        {
            Console.WriteLine("商品{0}的利润为：  {1:C}",i,m[i]*r);
            sum=sum+m[i]*r;
        }
        Console.WriteLine("各种商品的总的利润为：  {0:C}",sum);
    }
}
```

运行结果如图 3–21 所示。

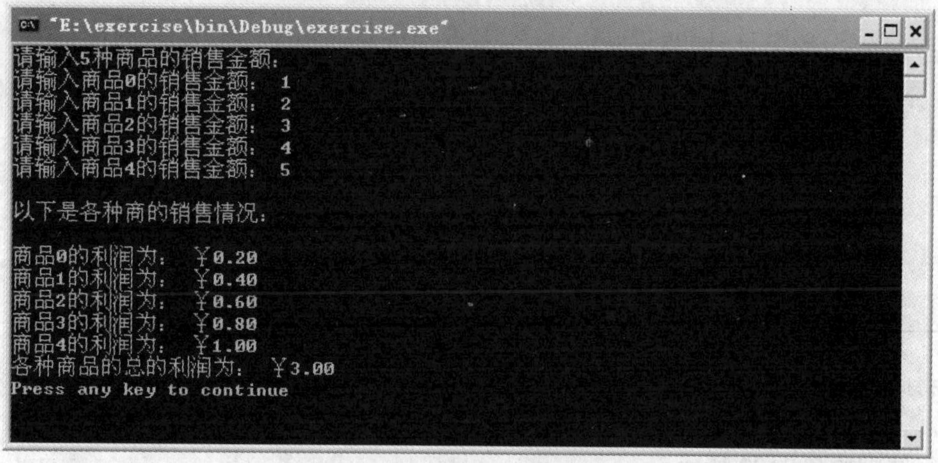

图 3–21　使用一维数组的程序运行结果

2. 二维数组的使用

程序功能要求：实现类似于自动售货机选择商品的功能，选择后打印商品名称和价格。

参考代码如下：

```
using System;
using System.Collections;
public class employees
{
    public static void Main()
    {
        //初始化数据
        string[,] drink =new string[,]{{"汇源果汁 10 元","鲜橙多 6 元","王老吉 9 元"},
                                        {"百事可乐5元","可口可乐6元","芬达3元"},
                                        {"青岛啤酒 3 元","雪花啤酒 2 元","金威啤酒 3
                                        元"}};

        Console.WriteLine("自动售货机[此价格纯属虚构]: ");
        for(int r=0;r<3;r++)
        {
            for (int c=0;c<3;c++)
            {
                Console.Write(drink[r,c]+"\t|");
            }
            Console.WriteLine("\n");
        }

        Console.WriteLine("请输入您要购买的饮料的排数: ");
        int i=Convert.ToInt32(Console.ReadLine());
        Console.WriteLine("请输入您要购买的饮料的列数: ");
        int j=Convert.ToInt32(Console.ReadLine());
        Console.WriteLine("您选了购买{0}",drink[i-1,j-1]);
    }
}
```

可将此程序修改为带有饮料数量的程序，购买一次减少一瓶，已经为 0 的不显示或不允许购买。

运行结果如图 3–22 所示。

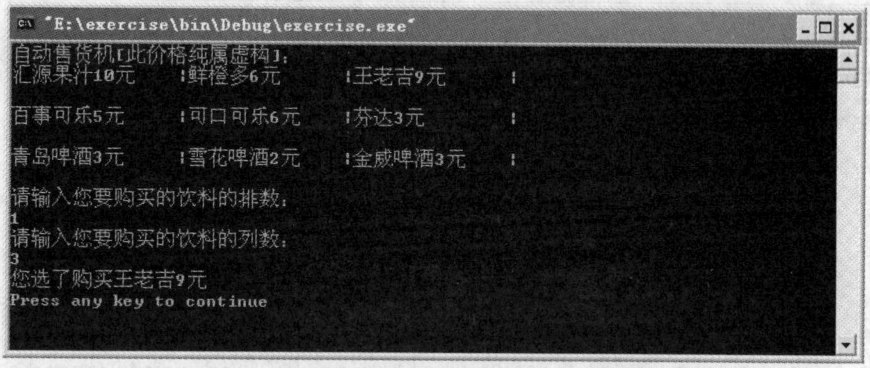

图 3–22　使用二维数组的程序运行结果

3.6　实验六　类与对象练习

实 验 目 的

1. 掌握类和对象的定义。

2. 了解类的封装方法，以及如何创建类和对象。

3. 了解成员变量和成员方法的特性。

4. 能够根据要求正确定义和重载构造函数；能够根据给定的要求定义类并实现类的成员函数。

5. 理解类的成员的访问控制的含义，以及公有、私有和保护成员的区别。

6. 掌握类的继承和方法，理解由此使对象表现的多态性。

实 验 内 容

1. 编写一个包含类和类的方法的程序

实现一个员工类，程序要求如下：

其中有 3 个数据成员，即编号、姓名、工资，以及若干成员函数。同时编写主函数使用这个类，实现对员工数据的赋值和输出，要求：使用成员函数实现对数据的输出，使用构造函数实现对数据的输入。

参考代码如下：

```
using System;
using System.Collections;
public class employees
{
    string  id,name;
    float wage;
    public employees(string id,string name,float wage )
```

```
    {
        this.id = id;
        this.name = name;
        this.wage = wage;

    }
    public void Display()
    {
        Console.WriteLine("id={0},name={1},age={2}",id,name,wage);
    }

    public static void Main()
    {
        employees em= new employees("0001","liufei",2000);
        em.Display();
        Console.ReadLine();
    }
}
```

以上程序使用了构造方法，思考关键字 this 有何作用，能将成员函数 Display 修改成别的代码也实现相应的功能吗？

2. 编写一个创建对象和使用对象的方法的程序

编写程序实现查找用户输入数值范围内的所有素数并打印这些数值的功能。

```
using System;
using System.Collections;
public class Test
{
    private static ArrayList _prime=new ArrayList();
    public static void Main()
    {
        Console.WriteLine("请输入大于 1 的开始数值:");
        int i1=Convert.ToInt32( Console.ReadLine());
        Console.WriteLine("请输入结束数值:");
        int i2=Convert.ToInt32( Console.ReadLine());

        Test t=new Test();
```

```
        t.getPrime(i1,i2);//使用对象的方法
        Console.WriteLine("从{0}到{1}素数如下：",i1.ToString(),i2.ToString());
        for (int i=0; i<_prime.Count;i++)
        {
            Console.WriteLine(" 第 {0} 素 数 是 {1}",i.ToString(),  _prime[i].
            ToString());
        }
    }
    /// <summary>
    /// 检查输入的值是否为素数
    /// </summary>
    public  bool isPrime(int a)
    {
        int i;
        for (i = 2; i < a; i++)
        {
            if (Math.IEEERemainder((float)a, (float)i) == 0) //是否能被 i 整除
                return false;
        }
        return true;
    }
    /// <summary>
    /// 搜索输入范围内的所有素数
    /// </summary>
    public  string getPrime(int min, int max)
    {
        int i;
        for (i = min; i <= max; i++)
        {
            if (isPrime(i))
                _prime.Add(i);
        }
        return Convert.ToString( _prime);
    }
}
```

运行结果如图 3–23 所示。

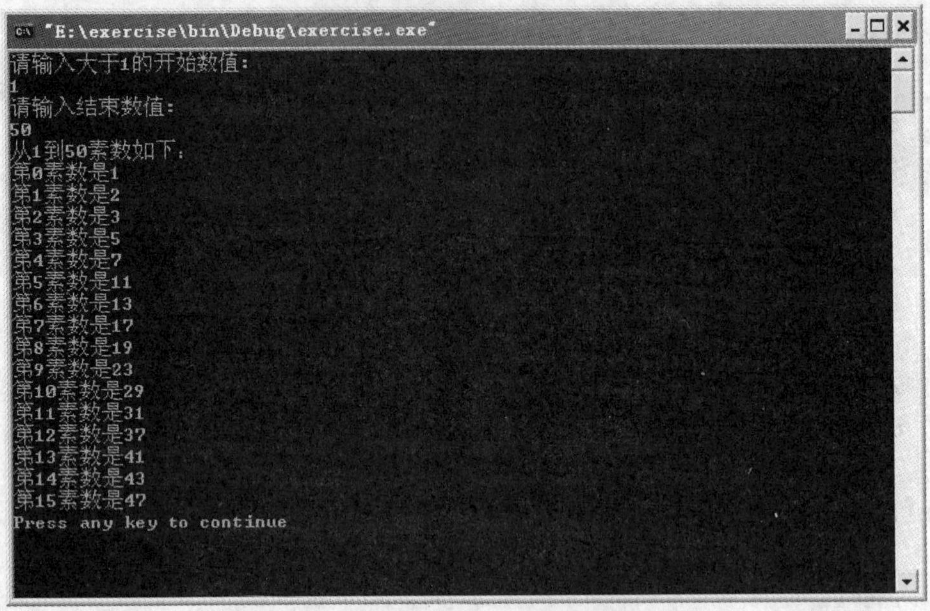

图 3–23　查找素数并打印的程序运行结果

3. 类的继承和基类构造方法的应用

编写一个程序计算出球、圆柱和圆锥的表面积和体积。要求：定义一个基类“圆”，至少含有一个数据成员“半径”；定义基类的派生类“球”、“圆柱”、“圆锥”，都含有求体积函数，可以都在构造函数中实现，也可以将求体积和输出写在一个函数中，或者写在两个函数中，请比较使用。定义主函数，求球、圆柱、圆锥的体积。

参考代码如下：

```
using System;
using System.Collections;
class MyCircle//基类
{
    double r;
    public MyCircle(double r)
    {
        this.r = r;
    }
}
class MyBall : MyCircle//球的体积
{
    double volumn;
    public MyBall(double r) : base(r)
    {
        volumn = Math.PI * r * r * r;
        Console.WriteLine("球的体积是: {0}",volumn);
```

```
    }
}
class MyCylinder:MyCircle//圆柱体的体积
{
    double  volumn;
    public MyCylinder(double r,double h): base(r)
    {

    }
    public void calvolumn(double r,double h)
    {
        volumn = Math.PI * r * r * h;
    }
    public void print()
    {
        Console.WriteLine("圆柱体的体积是: {0}", volumn);
    }
}
class MyCone:MyCircle//圆锥体的体积
{
    double h,volumn;
    public MyCone(double r, double h): base(r)
    {
        this.h = h;
    }
    public void calvolumn(double r,double h)
    {
        volumn = Math.PI * r * r * h / 3;
        Console.WriteLine("圆锥体的体积是: {0}", volumn);
    }
}
public class Tester
{
    public static void Main()
    {
        Console.Write("请输入球半径: ");
        double r=Convert.ToDouble(Console.ReadLine());
        MyBall mb = new MyBall(r);
        Console.Write("请输入圆柱体高度: ");
        double h = Convert.ToDouble(Console.ReadLine());
        MyCylinder mc = new MyCylinder(r,h);
```

```
        mc.calvolomn(r,h);
        mc.print();
        Console.Write("请输入圆锥体高度: ");
        double h2 = Convert.ToDouble(Console.ReadLine());
        MyCone mo = new MyCone(r, h2);
        Console.WriteLine("h2={0},r={1}",h2,r);
        mo.calvolumn(r,h2);
        Console.ReadLine();
    }
}
```

运行结果如图 3–24 所示。

图 3–24　求球、圆柱和圆锥体积的程序运行结果

4. 类的多态性

1）理解类的多态性

类的继承发生在多个类之间，而类的多态只发生在同一个类上。在一个类中，可以定义多个同名的方法，只要确保它们的参数个数和类型不同，这种现象称为类的多态。

多态可使程序变得简洁，为程序员带来很大便利。在面向对象程序设计中，当要实现多个相近的功能时，就给相应的方法起一个共同的名字，用不同的参数代表不同的功能，这样，在使用方法时不论传递什么参数，只要能被程序识别就可以得到确定的结果。

类的多态性体现在方法的重载（overload）上，包括成员方法和构造方法的重载。

2）构造方法的重载

方法的重载是指对同名方法的不同使用方式。构造方法的名称和类同名，没有返回类型。尽管构造方法看起来和一般的成员方法没有差别，但它不是方法，也不是类的成员。因此，构造方法不能直接调用，只能由 new 操作符调用。

构造方法对于类是十分重要的，对象的初始化任务要靠构造方法来完成。

重载构造方法的目的是提供多种初始化对象的能力，使程序员可以根据实际需要选用合适的构造方法来初始化对象。

3）多态程序练习

功能要求如下：基类 shape 类是一个表示形状的抽象类，area()为求图形面积的函数。从

shape 类派生三角形类（triangle）、圆类（circles）并给出具体的求面积函数，并在主函数中多态地实现调用。

```
using System;
namespace Variables
{
    public class shape
    {
        public virtual void MyArea()
        {
            Console.WriteLine("任意图形,无法计算面积");
        }
    }
    public class circle : shape
    {
        double r,carea;
        public circle(double r)
        {
            this.r = r;
        }
        public  override void MyArea()
        {
            carea = Math.PI*r * r;
            Console.WriteLine("该图形为圆形，面积为{0}",carea);
        }
    }
    public class triangle : shape
    {
        double tarea,hemiline,h;
        public triangle(double hemiline,double h)
        {
            this.hemiline = hemiline;
            this.h = h;
        }
        public override void MyArea()
        {
            tarea = hemiline * h / 2;
            Console.WriteLine("hemiline={0},h={1}",hemiline,h);
            Console.WriteLine("该图形为方形，面积为{0}", tarea);
        }
```

```
}
public class Tester
{
    public static void Main()
    {
        shape MyShape;
        MyShape=new shape();
        MyShape.MyArea();
        Console.WriteLine("请输入图形所需参数 1: ");
        double r = Convert.ToDouble(Console.ReadLine());
        MyShape = new circle(r);
        MyShape.MyArea();
        Console.WriteLine("请输入图形所需参数 1: ");
        double h = Convert.ToDouble(Console.ReadLine());
        Console.WriteLine("请输入图形所需参数 2: ");
        double hemiline = Convert.ToDouble(Console.ReadLine());
        MyShape = new triangle(hemiline, h);
        MyShape.MyArea();
    }
  }
}
```

思考：

（1）将 shape 类定义为含有 MyArea 抽象方法的抽象类，再调试程序，查看效果,并回答抽象方法是否可以含{ }主体；如果将基类中的虚方法关键字 virtual 去掉程序会怎样？

（2）将“shape MyShape;”和“MyShape = new circle(r); MyShape = new triangle(hemiline, h);”3 行改成“shape MyShape = new circle(r); shape MyShape = new triangle(hemiline, h);”行不行，为什么？

运行结果如图 3–25 所示。

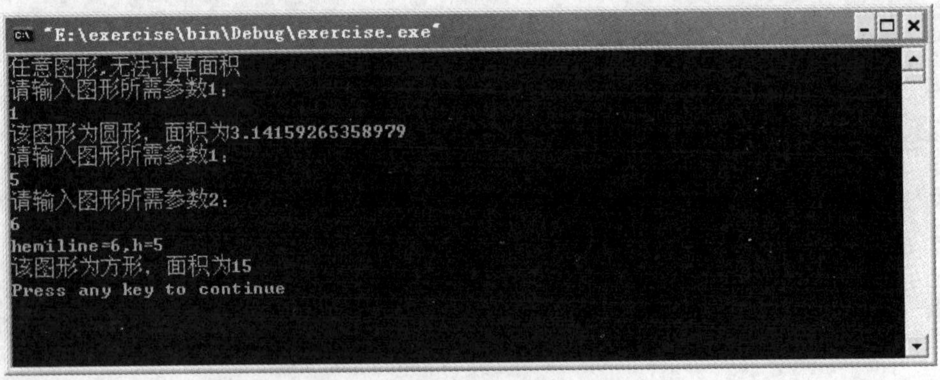

图 3–25　求面积程序运行结果

3.7　思考与练习

1. 如何利用.NET Framework SDK 中内置的编译器编译 C#源文件。

2. 编写一个程序，要求实现输入姓名并打印“***，欢迎你”的功能，“***”代表为输入或计算结果。

3. 使用 switch 语句编写一个程序，在不同的温度显示不同的解释说明：有点冷，多穿衣服；正合适，出去玩吧；太热了，开空调。

4. 输入、打印 5 个人的年龄并计算和打印平均年龄，要求输出如下内容：

“请输入？年龄：*** 5 个人的平均年龄为*** ”，要求“？”处内容由方法或参数来求得，“***”处为输入或计算结果，打印用 foreach 语句实现。

5. 写一个动物基类，基类中设置动物名称为变量，动物鸣叫方式为虚方法，写出子类猫、狗、牛的叫方法，以多态的方式实现程序。

第 4 章　应用程序及配置

4.1　实验一　配置 Web.config 文件

实验目的

1. 了解 Web.config 文件的作用。
2. 掌握对 Web.config 文件的配置。

实验内容

1. 配置 Web.config 中的 customErrors 元素

在 Web.Config 配置文件中，使用 customErrors 元素提供有关 ASP.NET 应用程序自定义错误消息的信息。

先看一下配置结构的示例：

```
<configuration>
   <system.web>
      <customErrors>
   <customErrors defaultRedirect="url"    mode="On|Off|RemoteOnly">
   <error statusCode="statuscode"      redirect="url"/>
</customErrors>
```

在以上代码中 Mode 属性是必需的，用于指定启用、禁用或仅对远程客户端显示自定义错误，其 3 种属性值的作用描述如下。

On：指定启用自定义错误。如果没有指定 defaultRedirect，用户将看到一般性错误。

Off：指定禁用自定义错误。这允许显示详细的错误。

RemoteOnly：指定仅向远程客户端显示自定义错误，并向本地主机显示 ASP.NET 错误。这是默认值。

其中 defaultRedirect 为可选属性，defaultRedirect 作用描述如下。

defaultRedirect：指定发生错误时浏览器指向的默认 URL。如果没有指定 defaultRedirect，则会显示一般性错误。URL 既可以是绝对的（例如 http://www.***.com/ErrorPage.htm），也可以是相对的。相对 URL（如 /ErrorPage.htm）是相对于指定 defaultRedirect 的 Web.config 文件而言的，而不是针对产生错误的网页的。以波形符 (~) 开头的 URL（如 ~/ErrorPage.htm）表示所指定的 URL 是相对于应用程序根路径而言的。

<error>为子标记，<error> 错误子标记可以出现多次，每出现一次便定义了一个自定义

错误条件。

注意：<customErrors> 元素不适用于在 XML Web 服务中出现的错误。

下例指定了 ASP.NET 应用程序的错误处理页，参考代码如下：

```
<configuration>
  <system.web>
    <customErrors defaultRedirect="myerror.htm"
              mode="RemoteOnly">
      <error statusCode="500"
            redirect="InternalError.htm"/>
    </customErrors>
  </system.web>
</configuration>
```

2. 在 Web.config 中配置用户上传文件大小

在开发 Web 项目时，可能会遇到限制上传文件大小的需求，可以在 Web.config 中简单设置 httpRuntime 元素即可实现。httpRuntime 元素中配置 ASP.NET HTTP 程序运行时期的参数设置。该节可以在计算机、站点、应用程序和子目录级别的配置文件中声明，分别作用于不同的范围。

示例：控制用户上传文件最大为 4 MB，最长时间为 60 s，最多请求数为 100。<httpRuntime executionTimeout="60" maxRequestLength="4096" appRequestQueueLimit="100">

其中各属性说明如下。

appRequestQueueLimit：ASP.NET 将为应用程序排队的请求的最大数目。当没有足够的自由线程来处理请求时，将对请求进行排队。当队列超出了该设置中指定的限制时，将给出“503 – 服务器太忙”错误信息拒绝传入的请求。

executionTimeout：指示在被 ASP.NET 自动关闭前允许执行请求的最大秒数。

maxRequestLength：指示 ASP.NET 支持上传的最大文件大小。该限制可用于防止因用户将大量文件传递到该服务器而导致的拒绝服务攻击。指定的大小以 KB 为单位。默认值为 4 096 KB（4 MB）。

3. 配置应用程序的身份验证方式

在 Web.config 文件中可以通过配置 authentication 元素实现不同的身份验证方式，通过配置 authentication 元素和 authorization 元素来实现拒绝未登录系统的用户访问系统资源的功能。

authentication：配置 ASP.NET 身份验证支持（包括 Windows、Forms、PassPort、None 共 4 种）。该元素只能在计算机、站点或应用程序级别声明。<authentication> 元素必须与 <authorization> 元素配合使用。

authorization：控制对 URL 资源的客户端访问（如允许匿名用户访问）。此元素可以在任何级别（计算机、站点、应用程序、子目录或页）上声明。必须与<authentication> 元素配合使用。

以下示例是为基于窗体（Forms）的身份验证配置站点，当没有登录的用户访问需要身份验证的网页时，网页自动跳转到登录网页。

```
<authentication mode="Forms" >
<forms loginUrl="logon.aspx" name=".FormsAuthCookie"/>
</authentication>
```

其中，元素 loginUrl 表示登录网页的名称，name 表示 Cookie 的名称。

```
<authorization>
<deny users="?"/>
</authorization>
```

注： 可以使用 user.identity.name 来获取已经过验证的当前用户名。

4.2 实验一 配置 Global.asax 文件

实验目的

1. 了解 Global.asax 文件中各事件的触发时机和作用。
2. 掌握 Global.asax 文件的用法。

实验内容

1. 捕获应用程序中的错误

在 Visual Studio 2003 中建立 Web 应用程序时会自动创建 Global.asax 文件，在 Application_Error 事件中添加代码。

下面的代码示例显示了 Global.asax 文件中用于 Error 事件的处理程序。只要应用程序中的任何位置发生未处理的异常，都会调用该示例中的处理程序。当在 try/catch 块中捕捉到异常或者由页对象的 Error 事件捕捉到异常时，应用程序将不会引发 Error 错误。

参考代码如下：

```
void Application_Error(Object sender, EventArgs e)
{
  if(!System.Diagnostics.EventLog.SourceExists
       ("ASPNETApplication"))
  {
    System.Diagnostics.EventLog.CreateEventSource
       ("ASPNETApplication", "Application");
  }
  System.Diagnostics.EventLog.WriteEntry
     ("ASPNETApplication", Server.GetLastError().Message);
}
```

这段代码是向系统事件日志中写入一项。代码将会先进行检查，以确定是否存在名为 ASPNETApplication 的事件日志项，如果不存在，则创建一个。这段代码通过调用 GetLastError 方法获取与错误关联的错误信息，然后将这条错误信息写入该日志中。

2. 在 Global.asax 文件中设置访问权限

具体要求如下：实现对所有访问验证，未登录网站的用户需进入登录页面，登录后才可以访问网站资源。

参考代码如下：

```
protected void Application_AcquireRequestState(Object sender, EventArgs e)
  {
     string url=Request.Url.ToString();
     if(url.IndexOf("login.aspx")<0)
     {
     string lg=(string)Session["user"];
     if(lg==null||lg=="")
     Response.Write("<script>window.top.location.href='login.aspx'</script>");
   }
  }
```

实现此功能还需在 login.aspx 页面的 Page_Load 事件中添加为“Session["user"]”赋值的语句，如“Session["user"]="liufei";”。

4.3　实验三　调试应用程序

实验目的

1. 了解 ASP.NET 程序的调试模式。
2. 掌握 ASP.NET 程序的调试配置。
3. 能够通过调试发现程序的错误。

实验内容

编写一个带有循环控件语句的程序，通过调试查看其执行过程和各个变量的变化，操作步骤如下。

(1)新建 Web 应用程序，在其中 WebForm1.aspx 的 Page_Load 事件中添加如下参考代码：

```
int sum=1;
for ( int i=5;i>-5;i-- )
{
    sum=sum+1/i;
}
```

（2）在代码中插入断点。选中在程序执行过程中需要暂停的行，在行号前右击，在弹出的快捷菜单中选择“插入断点”命令，如图 4–1 所示。

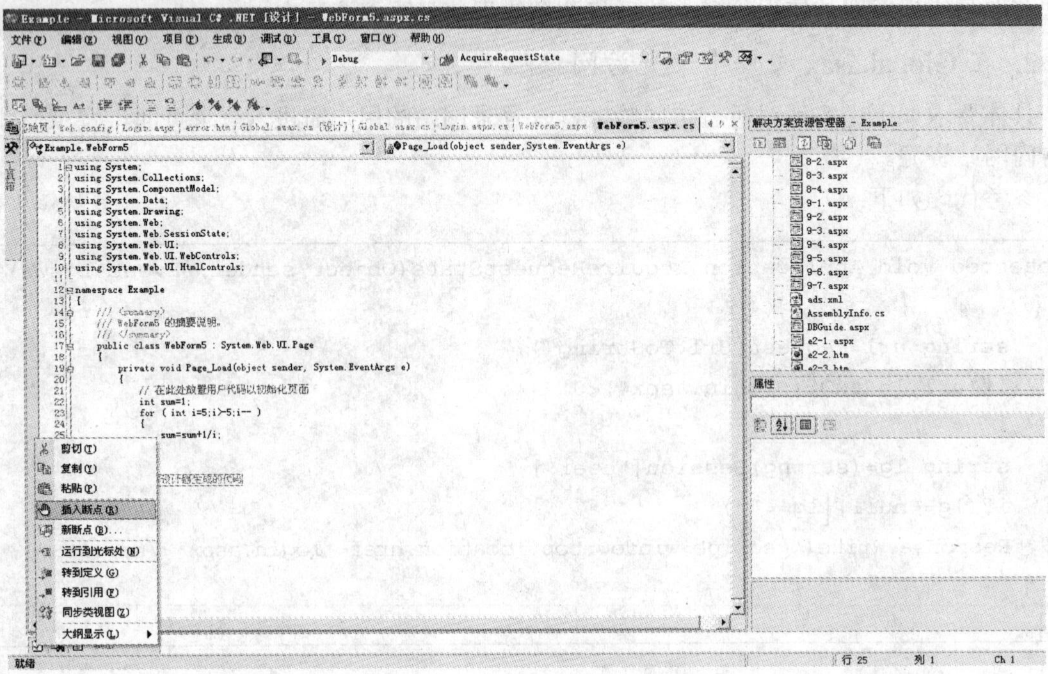

图 4–1 插入断点操作界面

（3）将该页面设置为起始页面，选择“调试”→“启动”命令，开始调试，如图 4–2 所示。将鼠标放在变量上，会显示变量运行时的值。

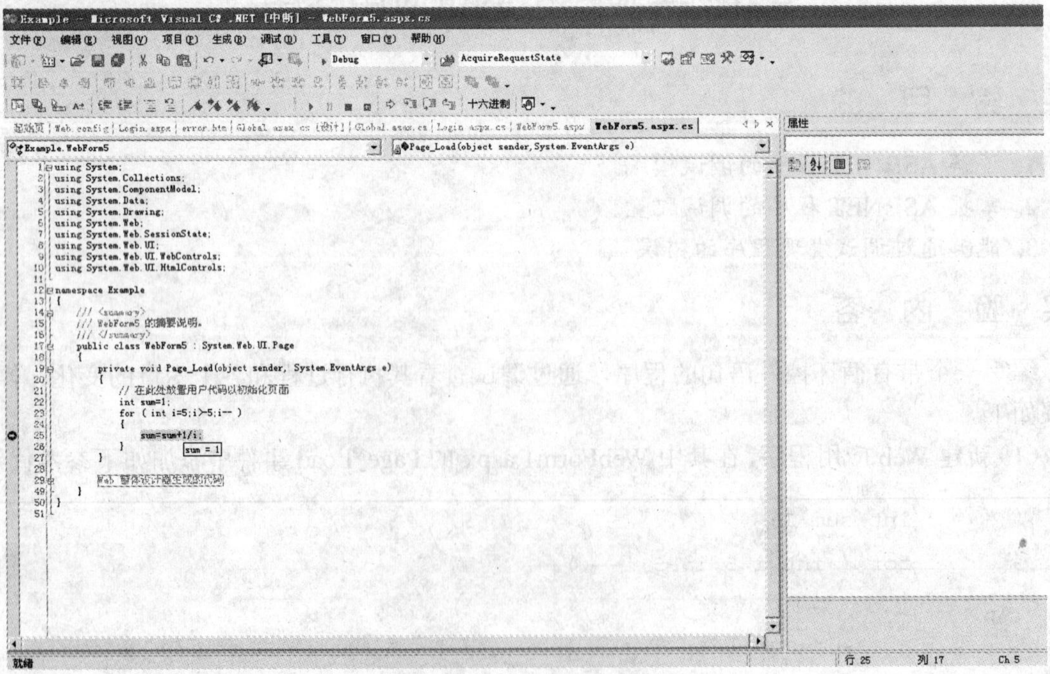

图 4–2 程序调试状态界面

（4）可以通过逐语句（F11）、逐过程（F10）方式跟踪程序执行，按照图 4–3 所示的过程添加监视窗口查看程序运行时变量以及对象的属性和状态值。调试程序会给出程序出错的位置，查看运行时信息即可知道出错的原因。

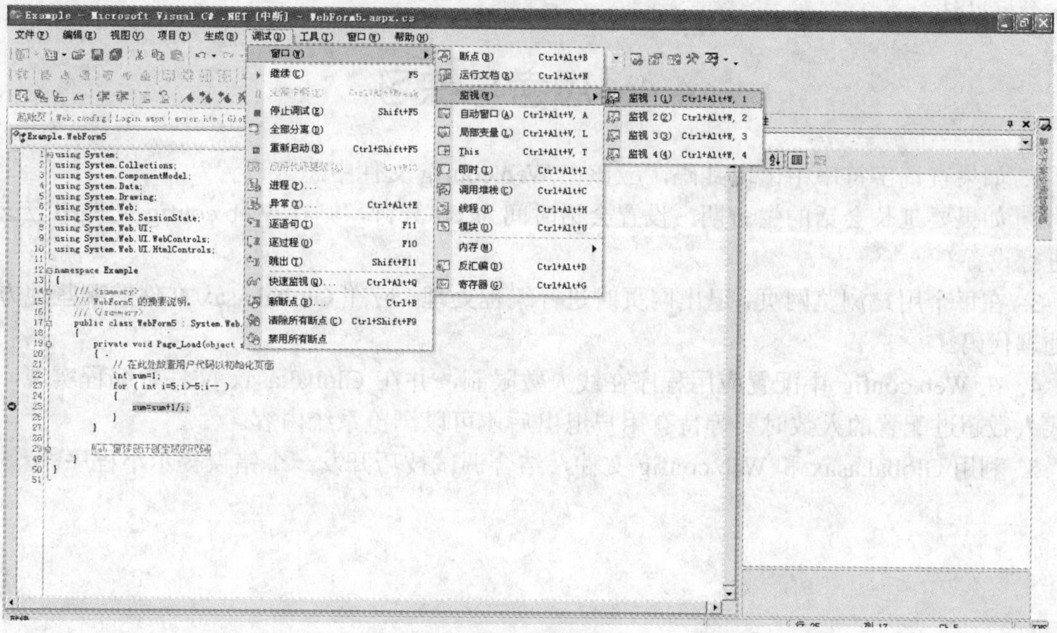

图 4–3　添加监视窗口

（5）在添加了监视窗口后，将需要查看的变量输入到监视窗口的名称列中，值列中将会显示它当前的值，如图 4–4 所示。

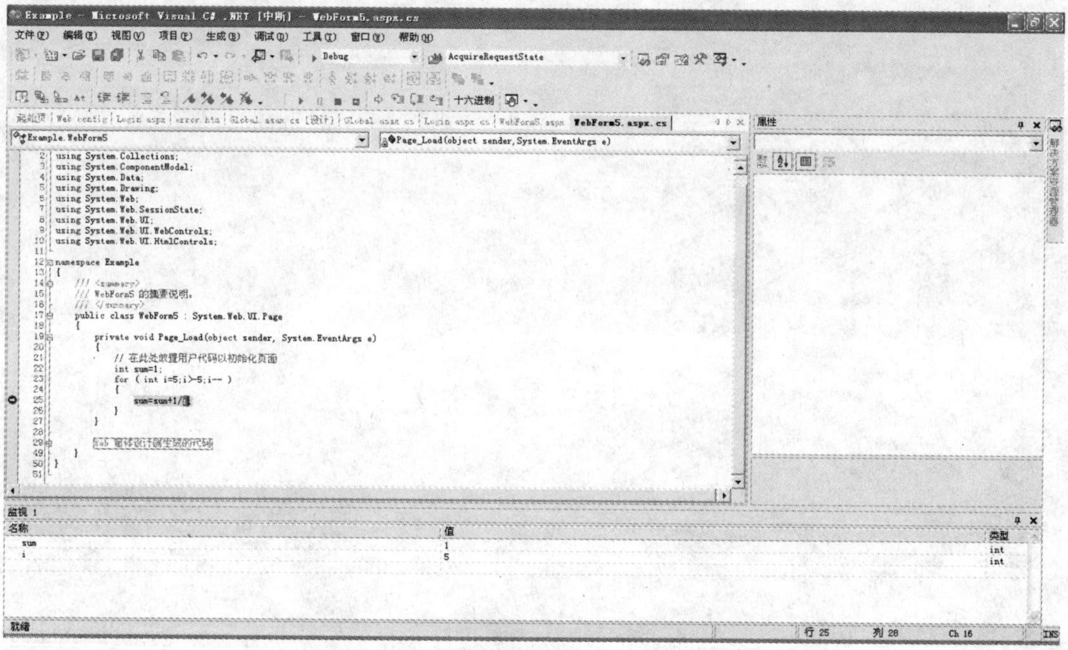

图 4–4　监视窗口显示运行时变量值

Visual Studio.NET 2003 还提供了其他查看运行时变量的方法，如命令窗口等。调试以上程序会发现在 i=0 时出现错误，因为 0 不能作为除数。这是一个简单的错误，人们或许能够看出来，但在实际业务关系复杂的系统中，很难判断系统的逻辑错误，调试程序是解决问题的一个好办法。

4.4 思考与练习

1. 如果查询字符串中出现乱码，应该在 Web.config 文件中怎么设置？

2. 如果要延长会话的生命期，设置会话时间为 60 分钟，则在 Web.config 文件中应该如何进行设置？

3. 在每个用户浏览网页、退出网页时进行编程处理，应在 Global.asax 文件的哪些地方编写处理代码。

4. 在 Web.config 中配置应用程序在线人数限制，并在 Global.asax 文件中编程实现，当在线人数超过配置的人数时要等待有用户退出后才可以浏览系统内容。

5. 利用 Global.asax 和 Web.config 文件，结合调试技巧开发一个错误提示小程序。

第 5 章　服务器控件

5.1　实验一　HTML 服务器控件练习

实验目的

1. 了解 HTML 服务器控件的属性和方法。
2. 掌握 HTML 服务器控件的用法。

实验内容

1. 在 Visual Studio.NET 2003 中编辑 HTML 服务器控件

在 Visual Studio.NET 2003 中编辑 HTML 控件非常方便，同样使用工具箱，选择 HTML 选项卡，双击控件或将控件拖曳到页面中，如图 5–1 所示。

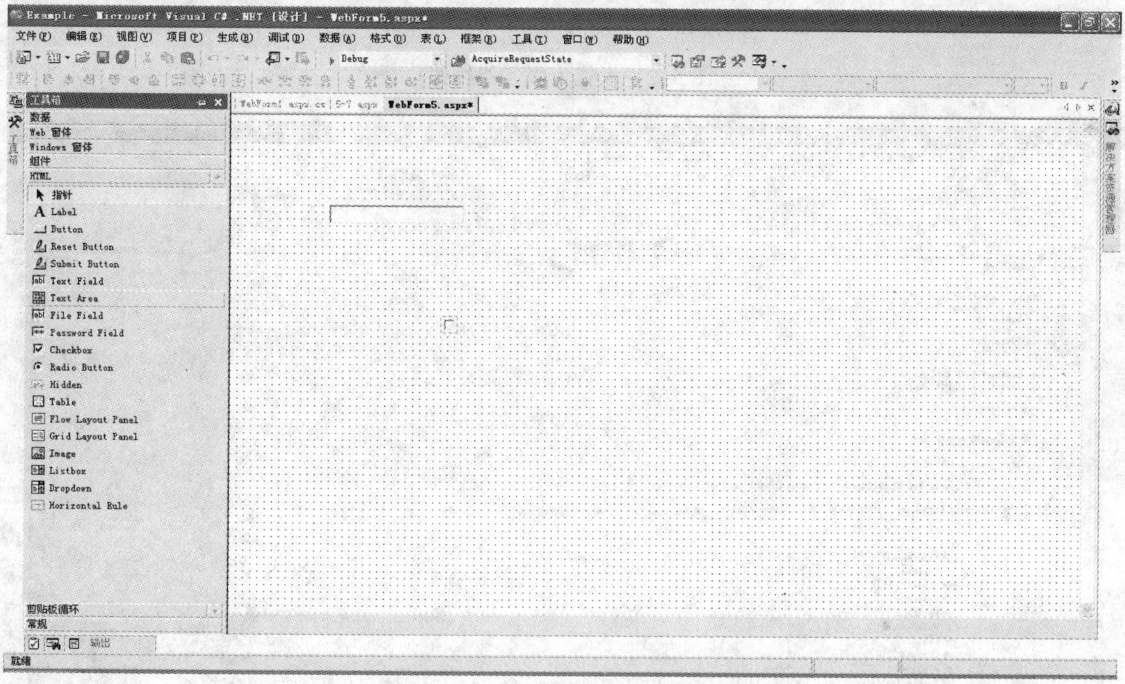

图 5–1　Visual Studio.NET 2003 编辑页面

将服务器控件设置为服务器端控件，右击 HTML 控件，在弹出的快捷菜单中选择“作为服务器控件运行”命令即可，如图 5–2 所示。成为服务器控件后，后台代码会自动声明该控件，如“protected System.Web.UI.HtmlControls.HtmlInputCheckBox Checkbox1;”，在后台编程时可以通过 Visual Studio.NET 2003 代码提示功能获知控件属性，如图 5–3 所示。

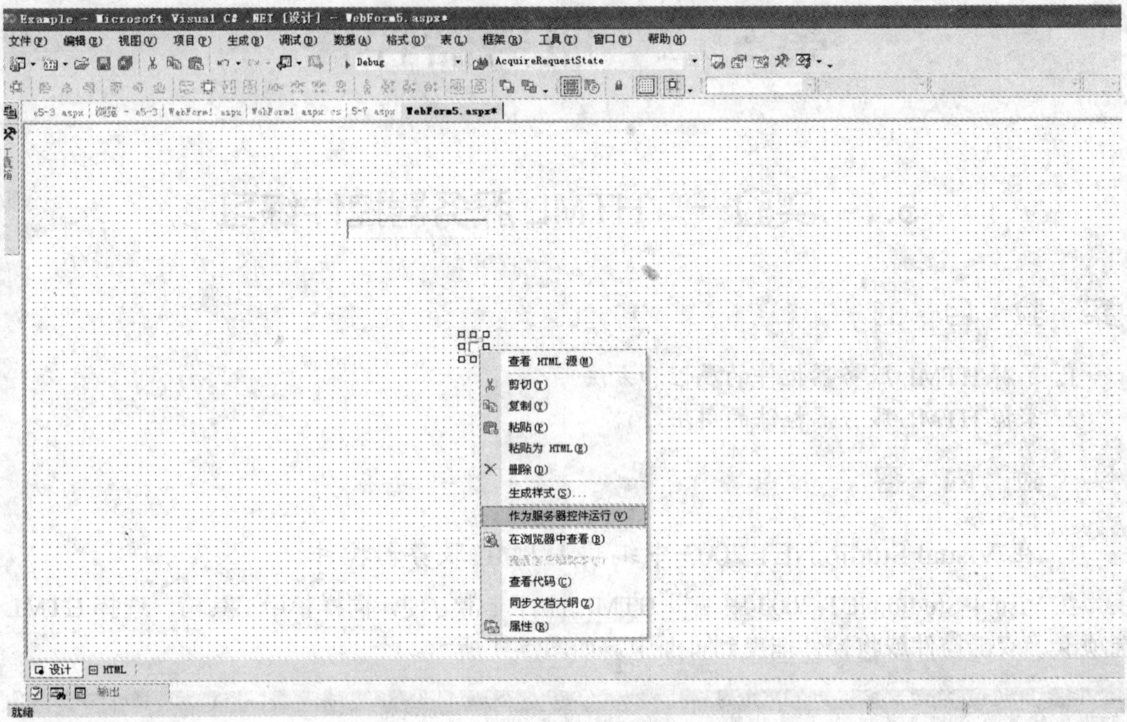

图 5–2 设置为服务器控件

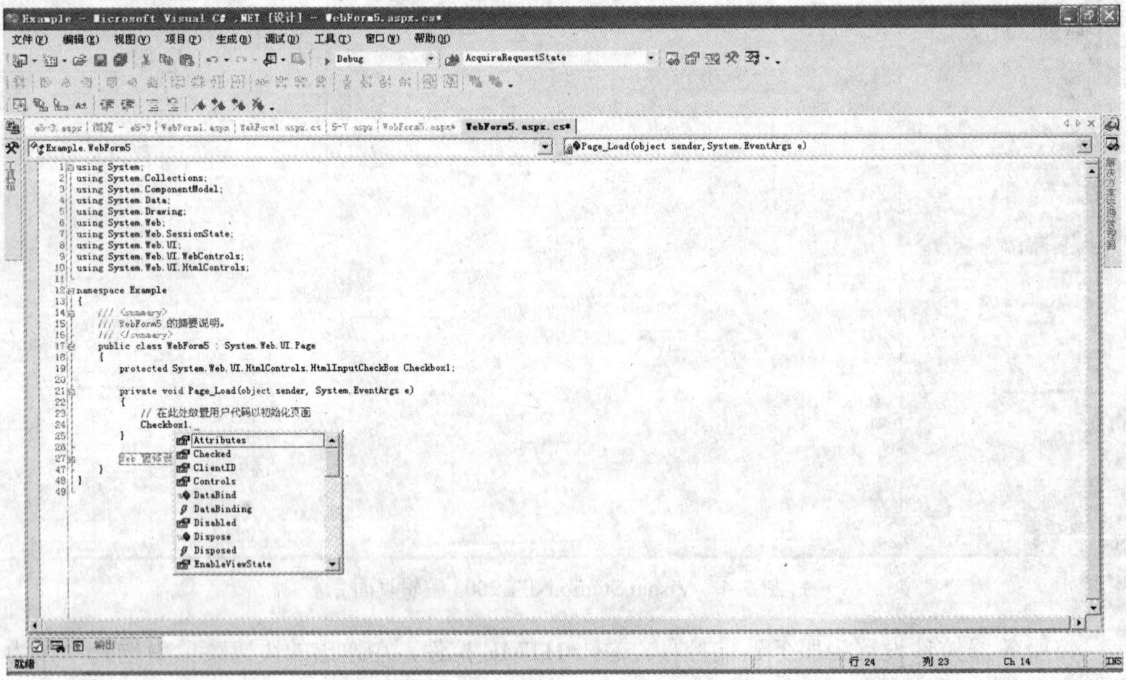

图 5–3 HTML 服务器控件属性提示

2. 填写个人注册信息，提交后显示录入的信息

参考代码如下：

```
<%@ Page Language="C#" %>
<html>
   <head>
      <title>e5-3</title>
      <script runat="server">
      void btn_click(object Sender,EventArgs E)
      {
         td1.InnerText=i1.Value;
         if (r2.Checked)
            td2.InnerText="男";
         else
            td2.InnerText="女";

         td3.InnerText=s1.Items[s1.SelectedIndex].Text;

         if (c1.Checked)
            td4.InnerText=td4.InnerText+c1.Value +"|";
         if (c2.Checked)
            td4.InnerText=td4.InnerText+c2.Value +"|";
         if (c3.Checked)
            td4.InnerText=td4.InnerText+c3.Value +"|";

      }
      </script>
   </head>
   <body ms_positioning="GridLayout">
      <form runat="server">
         <table height="104"  cellspacing="0"  border="1"  cellpadding="0"
         width="100%" border="0"
            ms_2d_layout="true">
            <tr vAlign="top">
               <td width="10" height="15"></td>
               <td width="793"></td>
            </tr>
            <tr vAlign="top">
```

```
<td height="89"></td>
<td>
    <table cellspacing="0" cellPadding="0" border="1"
    width="100%" border="0" height="88">
        <tr>
            <td align="right">姓名: </td>
            <td align="left"><input type="text" id="i1"
            runat="server"></td>
        </tr>
        <tr>
            <td align="right">性别: </td>
            <td align="left"><input type="radio" name="sex"
            id="r2" checked runat="server"> 男 <input
            type="radio" name="sex" id="r1" runat="server">
            女</td>
        </tr>
        <tr>
            <td align="right">班级: </td>
            <td align="left"><select runat="server" id="s1">
                    <option value="selected" selected>一年
                    级（3）班</option>
                    <option value="selected">二年级（2）班
                    </option>
                    <option value="selected">三年级（5）班
                    </option>
                    <option value="selected">四年级（1）班
                    </option>
                </select></td>
        </tr>
        <tr>
            <td align="right">课程: </td>
            <td align="left"><input type="checkbox" id="c1"
            runat="server" value="英语"><font face="宋体">
            英 语 </font><input type="checkbox" id="c2"
            runat="server" value="日语"><font face="宋体">
            日 语 </font><input type="checkbox" id="c3"
            runat="server" value="韩语"><font face="宋体">
            韩语</font></td>
        </tr>
```

```
                    <tr>
                        <td align="center" colspan="2"><input id="btn_
                        Submit" type="button" runat="server" onserverclick
                        ="btn_click" value="提交"><input type="reset"
                        runat=server value="重置"></td>
                    </tr>
                    <tr>
                        <td colspan="2" align="center">显示信息</td>
                    </tr>
                    <tr>
                        <td align="right">姓名：</td>
                        <td   align="left"   runat="server"   id="td1">
                         
                        </td>
                    </tr>
                    <tr>
                        <td align="right">性别：</td>
                        <td   align="left"   runat="server"   id="td2">
                         </td>
                    </tr>
                    <tr>
                        <td align="right">班级：</td>
                        <td align="left" runat="server" id="td3"> 
                        </td>
                    </tr>
                    <tr>
                        <td align="right">课程：</td>
                        <td align="left" runat="server" id="td4"> 
                        </td>
                    </tr>
                </table>
            </td>
        </tr>
    </table>
  </form>
 </body>
</html>
```

浏览网页，可以看到如图 5–4 所示的页面。

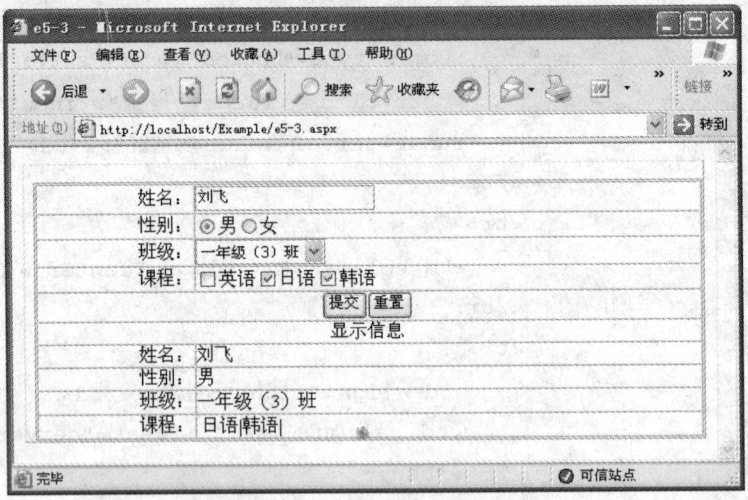

图 5–4　信息提交页面

注意以上代码中控件的属性取值，这些属性可以由 Visual Studio.NET 2003 的可视化编辑页面中的代码提示功能获知。

3. 实现图片的上传功能，上传成功后在页面上显示图片

参考代码如下：

```
<%@ Page Language="C#" %>
<html>
  <head>
      <title>文件上传控件的使用</title>
      <script runat="server">
   void upload(object Sender,EventArgs E)
   {
      string strFullName;
      string strPath;
      strFullName=upfile.PostedFile.FileName;
      int mypos=strFullName.LastIndexOf("\\");
      string strFileName=strFullName.Substring(mypos+1);
      strPath="c:\\test\\"+strFileName;
      upfile.PostedFile.SaveAs(strPath);
      lblMessage.Text="<strong>上传文件的详细信息如下：</strong>";
      lblMessage.Text+="<br>保存地址："+strPath;
      lblMessage.Text+="<br>文件名称："+strFileName;
      lblMessage.Text+="<br>文件大小："+upfile.PostedFile.ContentLength+"字节";
```

```
        lblMessage.Text+="<br>文件类型："+upfile.PostedFile.ContentType;
        img1.Width=300;
        img1.Height=300;
        img1.Src=strPath;
    }
        </script>
    </head>
    <body>
    <center>
        <form id="Form1" method="post" runat="server" enctype="multipart/form-data">
            <img id=img1 alt="" src="" runat=server><br>
            选择上传的文件：<input id="upfile" type="file" runat="server" name=
            "upfile">
            <input id="ok" type="button" onserverclick="upload" value="上传"
            runat="server" name="ok"><br>
            <asp:Label id="lblMessage" runat="server"></asp:Label>
        </form>
    </center>
    </body>
</html>
```

成功运行此程序需要在 C 盘根目录下新建 test 文件。运行程序，选择本机中的图片，上传到服务器的指定位置，如图 5–5 所示。

图 5–5　图片上传页面

4. 实现简单的试卷生成功能

根据输入的试题的数目和每题的答案个数动态生成试卷的样式。

参考代码如下：

```
<%@ Page Language="C#" %>
<html>
    <head>
        <title>动态生成试卷</title>
        <script runat="server">
        void Page_Load(object Sender,System.EventArgs e)
        {
            int rows,cells,i=0,j=0,Row=0;
            HtmlTableRow r;
            HtmlTableCell c;
            HtmlTableRow r1;
            HtmlTableCell c1;
            rows=Convert.ToInt16(Select1.Value);
            cells=Convert.ToInt16(Select2.Value);

            for (;j<=rows-1;j++)
            {
                r = new HtmlTableRow();
                c = new HtmlTableCell();
                c.ColSpan=cells;
                c.Controls.Add(new LiteralControl("第" +(j+1).ToString() +
                "题: "));
                r.Cells.Add(c);

                Table1.Rows.Add(r);

                r1 = new HtmlTableRow();
                for (i=0;i<=cells-1;i++)
                {
                    TextBox t=new TextBox();
                    t.Text="答案" + (i+1).ToString();
                    c1 = new HtmlTableCell();
                    c1.Controls.Add(t);
              r1.Cells.Add(c1);
```

```
                }

                Table1.Rows.Add(r1);
            }

        }
        </script>
    </head>
    <body>
        <form id="Form1" runat="server">
            <table id="Table1" border="1" runat="server">
            </table>
            <p>
                选择生成试卷题数：
                <select id="Select1" name="Select1" runat="server">
                    <option value="1" selected>1</option>
                    <option value="2">2</option>
                    <option value="3">3</option>
                    <option value="4">4</option>
                    <option value="5">5</option>
                    <option value="6">6</option>
                </select>
                选择每道题答案个数：
                <select id="Select2" name="Select2" runat="server">
                    <option value="1" selected>1</option>
                    <option value="2">2</option>
                    <option value="3">3</option>
                    <option value="4">4</option>
                </select>
                <input type="submit" value="生成表格">
        </form>
        </p>
    </body>
</html>
```

可以根据自己的需求继续完善该试题生成页面，可以分为单选题、多选题、填空题，还可以结合以后要讲的数据库编程，做一个完整的在线考试系统。

浏览网页，可以看到如图 5–6 所示的页面。

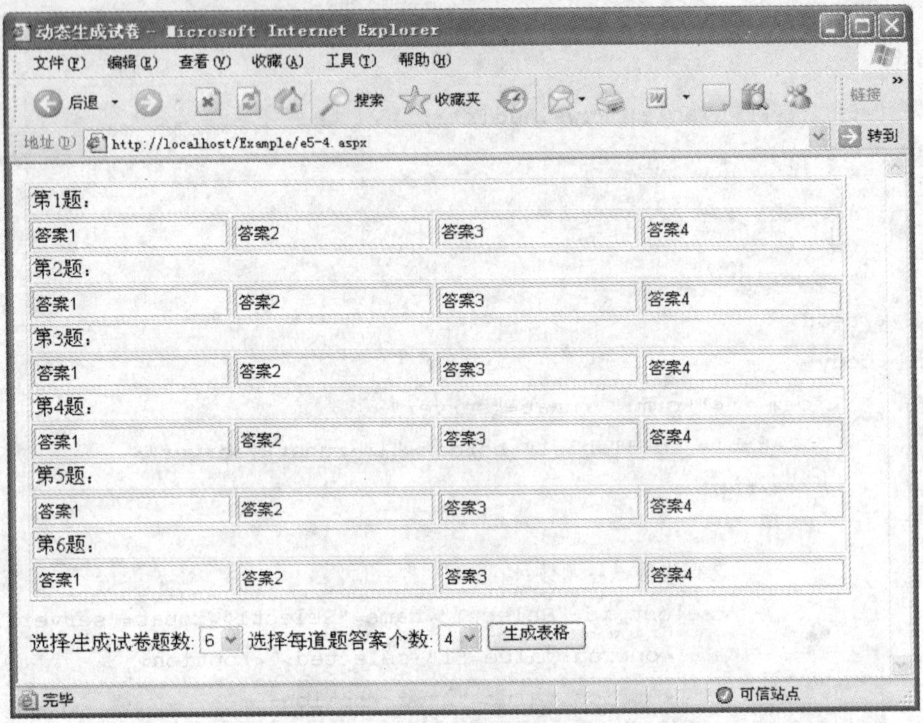

图 5–6 动态生成试卷

5.2 实验二 Web 服务器控件练习

实验目的

1. 了解 Web 服务器控件的属性和方法。
2. 掌握 Web 服务器控件的用法。

实验内容

1. 简单实现 MIS 系统中的用户信息编辑界面

在 MIS 系统中用户除了有基本信息的登记外，还需要对其访问系统的权限进行设置，为了使编辑管理更加贴近现实，将一组相关的权限划分成一组，就是下面示例中所谓的角色。

用户信息编辑界面的功能需求：添加用户的基本信息，然后赋予用户权限，提交后在页面底部显示这些信息。

参考代码如下：

```
<%@ Page Language="C#" %>
<html>
    <head>
        <title>用户编辑界面</title>
```

```
<script runat="server">
void Page_Load(object sender, System.EventArgs e)
{
    if(!IsPostBack)
        p3.Visible=false;
}
void l1_click(object Sender,System.EventArgs e)
{
        l2.Items.Add(l1.SelectedItem);
        l1.Items.Remove(l1.SelectedItem);
}
void l2_click(object Sender,System.EventArgs e)
{
        l1.Items.Add(l2.SelectedItem);
        l2.Items.Remove(l2.SelectedItem);
}
void Button1_click(object Sender,System.EventArgs e)
{
        p2.Visible=true;
        p3.Visible=false;
}
void Button2_click(object Sender,System.EventArgs e)
{
        p2.Visible=false;
        p3.Visible=true;
}
void Button3_click(object Sender,System.EventArgs e)
{
    Label5.Text="用户名: "+TextBox1.Text+"<br>";
    Label5.Text+="真实名: "+TextBox2.Text+"<br>";
    if (l2.Items.Count>0)
    {
        Label5.Text+="为用户赋予了一下角色: <br>";
        for (int i=0;i<l2.Items.Count;i++)
        {
            Label5.Text+=l2.Items[i].Text+"<br>";
        }
    }
    Label5.Text+="正在将数据保存...";
```

```
    }
    </script>
</head>
<body>
    <form id="Form1" runat="server">
        <center>
            <h4>用户信息编辑界面</h4>
            <asp:Panel id="p1" runat="server">
                <asp:Button id="Button1" onclick="Button1_click" runat=
                "server" Text="基本信息"></asp:Button>
                <asp:Button id="Button2" onclick="Button2_click" runat=
                "server" Text="角色管理"></asp:Button>
            </asp:Panel>
            <asp:Panel id="p2" runat="server">
                <asp:Label id="Label2" runat="server" Font-Bold="True">基
                本信息</asp:Label>
                <br>
                <asp:Label id="Label3" runat="server">用户名: </asp:Label>
                <asp:TextBox id="TextBox1" runat="server"></asp:TextBox>
                <br>
                <asp:Label id="Label4" runat="server">真实名: </asp:Label>
                <asp:TextBox id="TextBox2" runat="server"></asp:TextBox>
                <br>
            </asp:Panel>
            <asp:Panel id="p3" runat="server">
                <asp:Label id="Label1" runat="server" Font-Bold="True">角
                色管理</asp:Label>
                <br>
                <asp:Label id="Label6" runat="server">可选角色</asp:Label>
                <asp:Label id="Label7" runat="server">已选角色</asp:Label>
                <br>
                <asp:ListBox id="l1" SelectionMode="Multiple" Width="80"
                AutoPostBack="True" OnSelectedIndexChanged="l1_click" runat=
                "server">
                    <asp:ListItem Value="1">一般用户</asp:ListItem>
                    <asp:ListItem Value="2">高级用户</asp:ListItem>
                    <asp:ListItem Value="3">系统管理员</asp:ListItem>
                </asp:ListBox>
                <asp:ListBox id="l2" SelectionMode="Multiple" Width="80"
```

```
                    AutoPostBack="True" OnSelectedIndexChanged="l2_click"
                    runat="server"></asp:ListBox>
                </asp:Panel>
                <asp:Panel id="p5" runat="server">
                    <asp:Button  id="Button3"  onclick="Button3_click"  runat=
                    "server" Text="提交"></asp:Button>
                    <input type="reset" value="重置" runat="server">
                </asp:Panel>
            </center>
        </form>
        <center>
            <asp:Label id="Label5" runat="server"></asp:Label></center>
        </form>
    </body>
</html>
```

浏览页面，输入完用户的基本信息后，单击“角色管理”按钮，从“可选角色”列表框中选择角色项赋予用户，提交信息，可以看到如图 5–7 所示的页面。

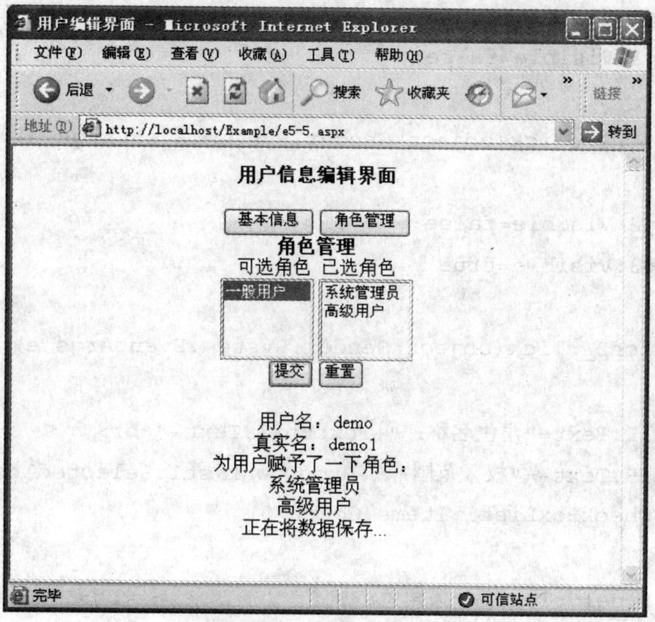

图 5–7　用户信息编辑界面

2. 简单实现 MIS 系统中的角色编辑界面

角色是一组相关的权限，虽然有了访问系统功能资源的限制，但是无法满足同样功能页面根据不同角色显示不同数据范围的需求，如办事人员与负责人同样可以查看信息列表，但负责人可以看到下属所有人登记的信息，而具体办事人员只能看到自己登记过的。所以在下面的示例中添加了权限范围，可以根据自己需求或更好的解决方法来完善设计和程序。

角色编辑界面的功能需求：添加角色的基本信息、赋予角色相应的菜单并提交显示这些信息。

参考代码如下：

```
<%@ Page Language="C#" %>
<html>
    <head>
        <title>角色编辑界面</title>
        <script runat="server">
        void Page_Load(object sender, System.EventArgs e)
        {
            if(!IsPostBack)
                p3.Visible=false;
        }

        void Button1_click(object Sender,System.EventArgs e)
        {
                p2.Visible=true;
                p3.Visible=false;
        }
        void Button2_click(object Sender,System.EventArgs e)
        {
                p2.Visible=false;
                p3.Visible=true;
        }
        void Button3_click(object Sender,System.EventArgs e)
        {
            Label5.Text="角色名称："+TextBox1.Text+"<br>";
            Label5.Text+="权限范围："+DropDownList1.SelectedItem.Text+"<br>";
            if (CheckBoxList1.Items.Count>0)
            {
                Label5.Text+="为角色添加了一下资源菜单：<br>";
                for (int i=0;i<CheckBoxList1.Items.Count;i++)
                {
                    if (CheckBoxList1.Items[i].Selected)
                    Label5.Text+=CheckBoxList1.Items[i].Text+"<br>";
                }
            }
```

```
        else
        {
            Label5.Text+="未赋予角色任何权限";
        }
        Label5.Text+="正在将数据保存...";
    }
    </script>
</head>
<body>
    <form id="Form1" runat="server">
        <center>
            <h4>角色信息编辑界面</h4>
            <asp:Panel id="p1" runat="server">
                <asp:Button id="Button1" onclick="Button1_click" runat=
                "server" Text="基本信息"></asp:Button>
                <asp:Button id="Button2" onclick="Button2_click" runat=
                "server" Text="角色管理"></asp:Button>
            </asp:Panel>
            <asp:Panel id="p2" Runat="server">
                <asp:Label id="Label2" runat="server" Font-Bold="True">基
                本信息</asp:Label>
                <br>
                <asp:Label id="Label3" runat="server">角色名称:</asp:Label>
                <asp:TextBox id="TextBox1" runat="server"></asp:TextBox>
                <br>
                <asp:Label id="Label4" runat="server">权限范围:</asp:Label>
                <asp:DropDownList id="DropDownList1" runat="server" Width=
                "155px">
                    <asp:ListItem Value="集团">集团</asp:ListItem>
                    <asp:ListItem Value="公司">公司</asp:ListItem>
                    <asp:ListItem Value="部门">部门</asp:ListItem>
                </asp:DropDownList>
                <br>
            </asp:Panel>
            <asp:Panel id="p3" runat="server">
                <asp:Label id="Label1" runat="server" Font-Bold="True">权
                限信息</asp:Label>
                <br>
```

```
                <br>
                <asp:CheckBoxList id="CheckBoxList1" runat="server" Width=
                "70px">
                    <asp:ListItem Value="菜单 1">菜单 1</asp:ListItem>
                    <asp:ListItem Value="菜单 2">菜单 2</asp:ListItem>
                    <asp:ListItem Value="菜单 3">菜单 3</asp:ListItem>
                    <asp:ListItem Value="菜单 4">菜单 4</asp:ListItem>
                </asp:CheckBoxList>
            </asp:Panel>
            <asp:Panel id="p5" runat="server">
                <asp:Button id="Button3" onclick="Button3_click" runat=
                "server" Text="提交"></asp:Button>
                <input type="reset" value="重置" runat="server">
            </asp:Panel>
        </center>
    </form>
    <center>
        <asp:Label id="Label5" runat="server"></asp:Label></center>
    </form>
  </body>
</html>
```

浏览页面，输入完角色基本信息后，单击“权限信息”按钮，选中需要添加的菜单项，赋予用户，提交信息，可以看到如图 5–8 所示的页面。

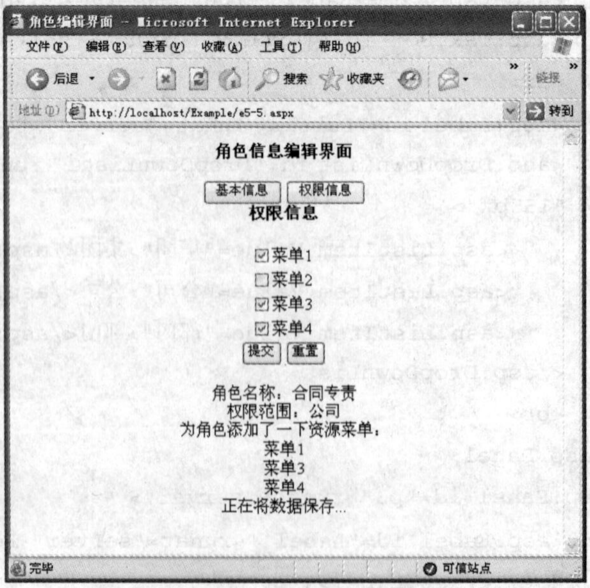

图 5–8 角色编辑界面

3. 实现简单的在线投票功能

参考代码如下：

```
<%@ Page Language="C#"%>
<html>
    <head>
        <title>实现简单的在线投票功能</title>
        <script runat="server">
        void b_click(object Sender,System.EventArgs e)
        {
            Application.Lock();
            if (r.SelectedIndex==0)
            {
                Application["r1"]=Convert.ToInt32(Application["r1"])+1;
                r.Items[0].Text="鼓励["+Application["r1"].ToString()+"]";
            }
            else if(r.SelectedIndex==1)
            {
                Application["r2"]=Convert.ToInt32(Application["r2"])+1;
                r.Items[1].Text="中立["+Application["r2"].ToString()+"]";
            }
            else
            {
                Application["r3"]=Convert.ToInt32(Application["r3"])+1;
                r.Items[2].Text="反对["+Application["r3"].ToString()+"]";
            }
            Application.UnLock();
        }
        </script>
    </head>
    <body>
        <form id="Form1" runat="server">
            <center>
                <h4>您对大学生创业持什么态度？</h4>
                <br>
                <asp:RadioButtonList id="r" runat="server" RepeatDirection=
                "Horizontal" Width="288px">
                    <asp:ListItem Value="鼓励">鼓励</asp:ListItem>
```

```
                <asp:ListItem Value="中立">中立</asp:ListItem>
                <asp:ListItem Value="反对">反对</asp:ListItem>
            </asp:RadioButtonList><br>
            <asp:Button id="Button1" runat="server" Text="提交" onclick=
            "b_click"></asp:Button>
        </center>
    </form>
  </body>
</html>
```

浏览网页，对 3 种态度进行投票可以看到如图 5–9 所示的页面。

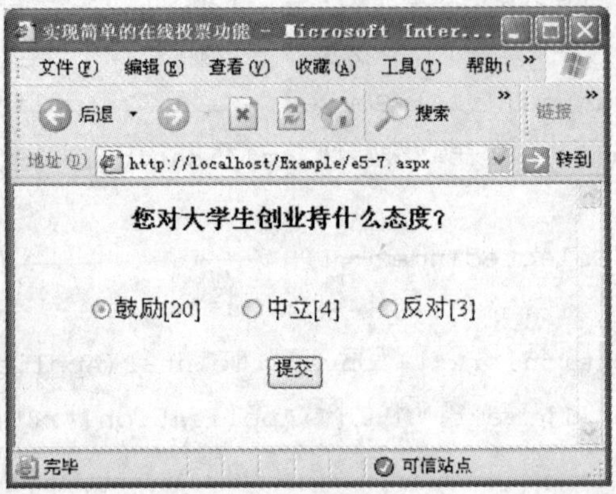

图 5–9 实现简单的在线投票功能

4. 使用 Calendar 控件模拟显示备忘录

参考代码如下：

```
<%@ Page Language="C#"%>
<html>
    <head>
        <title>模拟在日历上显示备忘录</title>
        <meta http-equiv=refresh content=10>
        <script runat="server">
        void Page_Load(object sender, System.EventArgs e)
        {
            show();
        }
        void c(object Sender,System.EventArgs e)
        {
            show();
```

```
        }
        void show()
        {
            string y=c1.SelectedDate.Year.ToString();
            string m=c1.SelectedDate.Month.ToString();
            string d=c1.SelectedDate.Day.ToString();

            if (m=="11"&&d=="3")
            {
                c1.ToolTip="您选了"+c1.SelectedDate.ToLongDateString()
                    +"\n 今天是你的生日，祝你生日快乐，别忘了庆祝一下！";
                l1.Text=c1.ToolTip;
            }
            if (y=="2009"&&m=="11"&&d=="4")
            {
                c1.ToolTip="您选了"+c1.SelectedDate.ToLongDateString()
                    +"\n 今天去北京开会，记得早起赶火车！";
                l1.Text=c1.ToolTip;
            }
        }
        </script>
    </head>
    <body>
        <form id="Form1" runat="server">
            <center>
                <h4>模拟在日历上显示备忘录</h4>
                <asp:Calendar  id="c1"  runat="server"  OnSelectionChanged=
                "c"></asp:Calendar>
                <br>
                <br>
                <asp:Label ID="l1" runat="server"></asp:Label>
            </center>
        </form>
    </body>
</html>
```

在以上代码中<meta http-equiv=refresh content=10>的作用是将页面每隔 10 秒钟刷新一次，这时就会执行 Page_Load 事件，告诉用户是否有待办的事项。以上代码能实现和数据库的连接，将待办事项存储到数据库中即可实现真正的日历备忘录。

浏览网页，选择相应的日期，可以看到如图 5–10 所示的页面。

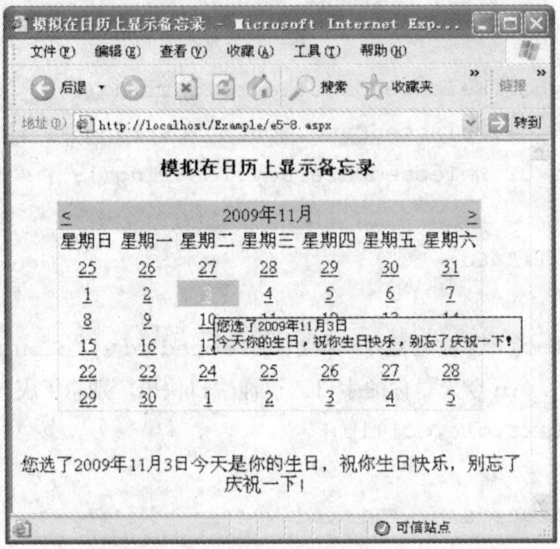

图 5–10 模拟日历显示备忘录

5. 验证用户输入信息的有效性

首先添加联系人信息，包括姓名、年龄、住址、邮编、E-mail、电话，其中姓名为必输项，年龄要限制输入范围，邮编、E-mail、电话要对输入格式进行验证。

参考代码如下：

```
<%@ Page language="C#" CodeBehind="5-16.aspx.cs" AutoEventWireup="false"
Inherits="Example._5_16" %>
<html>
   <head>
       <title>验证控件</title>
       <script runat="server">
        void b_Submit(object sender, System.EventArgs e)
        {
            if (Page.IsValid)
                l1.Text="验证成功!";
        }
       </script>
   </head>
   <body>
       <form id="Form1" runat="server">
           <center>
               <h4>请输入联系人信息</h4>
               <br>
```

```
            姓名 : <asp:TextBox id="t1" runat="server"></asp:TextBox><br>
            年龄 : <asp:TextBox id="t2" runat="server"></asp:TextBox><br>
            地址 : <asp:TextBox id="t3" runat="server"></asp:TextBox><br>
            邮编 : <asp:TextBox id="t4" runat="server"></asp:TextBox><br>
            E-mail: <asp:TextBox id="t5" runat="server"></asp:TextBox><br>
            电话 : <asp:TextBox id="t7" runat="server"></asp:TextBox><br>
            <asp:Button  runat="server"  id="b"  Text=" 提 交 "  onclick=
            "b_Submit"></asp:Button><br>
            <asp:RequiredFieldValidator id="r1" runat="server" ControlToValidate=
            "t1" Text="*必输项" ForeColor="red"></asp:RequiredFieldValidator>
            <br>
            <asp:RegularExpressionValidator id="r2" runat="server" ErrorMessage=
            "邮箱格式输入错误" ControlToValidate="t5" ValidationExpression=
            "\w+([-+.]\w+)*@\w+([-.]\w+)*\.\w+([-.]\w+)*">
            </asp:RegularExpressionValidator><br>
            <asp:RegularExpressionValidator id="r3" runat="server" ErrorMessage=
            "电话输入错误" ControlToValidate="t7" ValidationExpression="
            (\(\d{3}\)|\d{3}-)?\d{8}">
            </asp:RegularExpressionValidator><br>
            <asp:RegularExpressionValidator id="r4" runat="server" ErrorMessage=
            "邮编输入错误" ControlToValidate="t4" ValidationExpression=
            "\d{6}"></asp:RegularExpressionValidator><br>
            <asp:RangeValidator id="r5" ControlToValidate="t2" ErrorMessage=
            "年龄输入错误" runat="server" MaximumValue="200" MinimumValue="1">
            </asp:RangeValidator><br>
            <asp:Label id="l1" runat="server" />
        </center>
    </form>
  </body>
</html>
```

浏览网页，输入如图 5–11 所示的信息，单击“提交”按钮，提示输入错误。可以思考使用 RegularExpressionValidator 控件验证手机、日期和其他信息。下面是验证日期的正则表达式，包括闰年月份的验证，可以分析一下：

```
var strRegular = /^(?:(?:(?:19|[2-9]\d)(?:0[48]|[2468][048]|[13579][26])|(?:
[2468][048]|[3579][26])00)(\/|-|\.)(?:0?2\1(?:29))$)|(?:(?:19|[2-9]\d)\d{2}(\/
|-|\.)(?:(?:0?[13578]|1[02])\2(?:31)|(?:0?[1,3-9]|1[0-2])\2(29|30)|(?:(?:0?[1-
9])|(?:1[0-2]))\2(?:0?[1-9]|1\d|2[0-8]))$)|(?:(?:(?:19|[2-9]\d)(?:0[48]|[2468]
[048]|[13579][26])|(?:[2468][048]|[3579][26])00)(年)(?:0?2(月)(?:29))(日)?$)|(
```

```
?:(?:19|[2-9]\d)\d{2}(年)(?:(?:0?[13578]|1[02])(月)(?:31)|(?:0?[1,3-9]|1[0-2])
(月)(29|30)|(?:(?:0?[1-9])|(?:1[0-2]))(月)(?:0?[1-9]|1\d|2[0-8]))(日)?$)/;
```

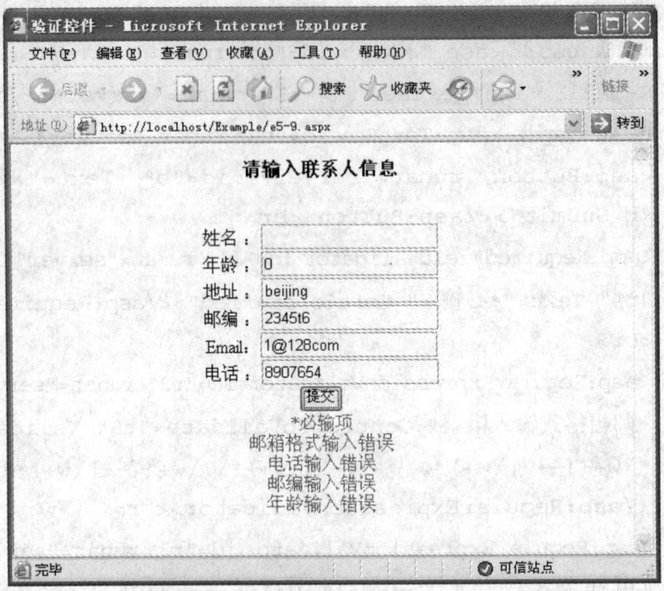

图 5–11　验证联系人信息的有效性

5.3　思考与练习

1. 利用本章学习的知识自己编写一个上传图片的小程序。

2. 修改图 5–6 所示页面的形式，用单选按钮或复选框控件设置答案选项。

3. 编程实现如下功能：双击 ListBox 中的数据项，将该项从 ListBox 中移除，并添加到 DropDownList 中。

4. 开发一个用户注册信息的表单，并用验证控件验证信息的合法性，信息包括姓名、密码、身份证号、年龄和个人主页。

5. 开发一个 top.ascx 控件，显示网站的一级栏目，并在页面上注册调用这个控件。

第 6 章　ASP.NET 内置对象

6.1　实验一　Request 对象练习

实验目的

1. 了解 Request 对象的属性和方法。
2. 掌握 Request 对象的用法。

实验内容

1. 使用 Request 对象获得用户提交的信息

将第 5 章实验一实验内容 2 修改为使用 Request 对象获得用户提交的信息，并比较控件设置和取值方式有什么不同。

参考代码如下：

```
<%@ Page Language="C#" %>
<html>
   <head>
      <title>利用 Request 对象获得提交信息</title>
      <script runat="server">
      void btn_click(object Sender,EventArgs E)
      {
         td1.InnerText=Request["i1"];
         td2.InnerText=Request["sex"];

         td3.InnerText=Request["s1"];

         td4.InnerText=Request.Params["c"];

         if (c1.Checked)
            td4.InnerText=Request.Params["c1"] +"|";
         if (c2.Checked)
            td4.InnerText+=Request.Params["c2"] +"|";
         if (c3.Checked)
            td4.InnerText+=Request.Params["c3"] +"|";
```

```
    }
    </script>
</head>
<body ms_positioning="GridLayout">
    <form id="Form1" runat="server">
        <table height="104" cellspacing="0" border="1" cellpadding="0"
        width="100%" border="0" ms_2d_layout="true">
            <tr vAlign="top">
                <td width="10" height="15"></td>
                <td width="793"></td>
            </tr>
            <tr vAlign="top">
                <td height="89"></td>
                <td>
                    <table cellspacing="0" cellpadding="0" border="1" width=
                    "100%" border="0" height="88">
                        <tr>
                            <td align="right">姓名：</td>
                            <td align="left"><input type="text" id="i1"
                            runat="server" NAME="i1"></td>
                        </tr>
                        <tr>
                            <td align="right">性别：</td>
                            <td align="left"><input type="radio" name="sex"
                            id="r2" checked runat="server" value="男">男
                            <input type="radio" name="sex" id="r1" runat=
                            "server" value="女">女</td>
                        </tr>
                        <tr>
                            <td align="right">班级：</TD>
                            <td align="left"><select runat="server" id="s1"
                            name="s1">
                                    <option value="一年级（3）班" selected>
                            一年级（3）班</option>
                                    <option value="二年级（2）班">二年级（2）班
                                    </option>
                                    <option value="三年级（5）班">三年级（5）班
                                    </option>
                                    <option value="四年级（1）班">四年级（1）班
```

```
                </option>
            </select></td>
    </tr>
    <tr>
        <td align="right">课程：</td>
        <td align="left"><input type="checkbox" id="c1"
        runat="server" value="英语" name="c"><font face=
        "宋体">英语</font><input type="checkbox" id="c2"
        runat="server" value="日语" name="c"><font face=
        "宋体">日语</font><input type="checkbox" id="c3"
        runat="server" value="韩语" name="c"><font face=
        "宋体">韩语</font></td>
    </tr>
    <tr>
        <td align="center" colspan="2"><input id=
        "btn_Submit" type="button" runat="server"
        onserverclick="btn_click" value="提交" name=
        "btn_Submit"><input type="reset" runat="server"
        value="重置" id="Reset1" name="Reset1"></td>
    </tr>
    <tr>
        <td colspan="2" align="center">显示信息</td>
    </tr>
    <tr>
        <td align="right">姓名：</td>
        <td align="left" runat="server" id="td1"> 
        </td>
    </tr>
    <tr>
        <td align="right">性别：</td>
        <td align="left" runat="server" id="td2"> 
        </td>
    </tr>
    <tr>
        <td align="right">班级：</td>
        <td align="left" runat="server" id="td3"> 
        </td>
    </tr>
    <tr>
```

```
                <td align="right">课程: </td>
                <td align="left" runat="server" id="td4"> 
                </td>
              </tr>
            </table>
          </td>
        </tr>
      </table>
    </form>
  </body>
</html>
```

浏览网页，填写信息并提交，可以看到如图 6-1 所示的页面。

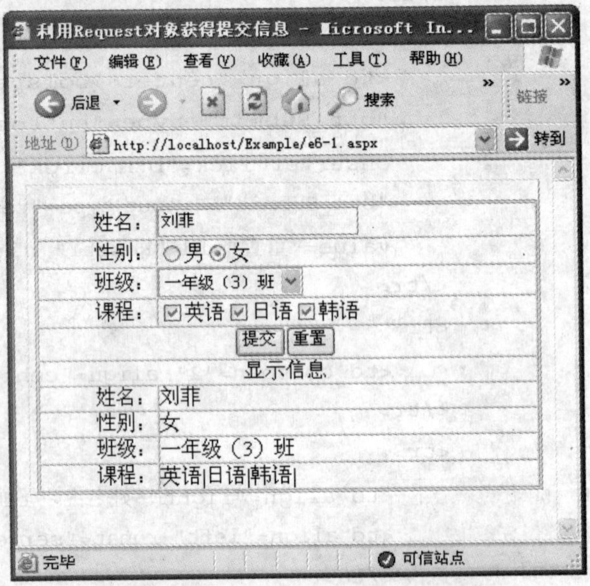

图 6-1 使用 Request 对象获得用户提交的信息

2. 实现记录用户访问系统重要数据的日志功能

在实际项目开发过程中，可能会对用户访问系统数据的事件进行日志记录，无论是对于提高系统安全性、改善系统易操作性来说，系统日志都为其提供了分析参考的数据，还可以对用户浏览信息的趋向有一定的了解。

参考代码如下：

```
<%@ Page Language="C#" %>
<html>
  <head>
    <title>记录用户访问日志</title>
```

```
<script runat="server">
void Page_Load(object Sender,EventArgs E)
{
    if(Request.QueryString["name"]!=null)
    {
        Application["Message"]+="<font size=2>IP 地址为:
        "+Request.UserHostAddress+"的计算机在
        "+DateTime.Now.ToLongTimeString()+"访问过"+
        Request.QueryString["name"]+"信息;</font><br>";

        string str=Application["Message"].ToString();
        string[] strArr=str.Split(';');

        int rows,cells,j=0;
        HtmlTableRow r;
        HtmlTableCell c;

        for (;j<=strArr.Length-1;j++)
        {
            r = new HtmlTableRow();

            c = new HtmlTableCell();
            c.Controls.Add(new LiteralControl(strArr[j]));
            r.Cells.Add(c);

            Table1.Rows.Add(r);
        }
    }
}
</script>
</head>
<body>
  <form runat= "server" id="Form1">
     <table cellspacing="0" cellpadding="0" border="1" width="100%" height=
     "88">
        <tr>
           <td align="center" runat="server" id="td1"><a href=
           "e6-2.aspx?name=公司重大合同" target="_self">公司重大合同</a>
```

```
                </td>
            </tr>
            <tr>
                <td align="center" runat="server" id="td2"><a href=
                "e6-2.aspx?name=公司重大案件" target="_self">公司重大案件</a>
                </td>
            </tr>
            <tr>
                <td align="center" runat="server" id="td3"><a href=
                "e6-2.aspx?name=公司内部高管会议" target="_self">公司内部高管
                会议</a></td>
            </tr>
        </table>
        <table id="Table1" border="1" runat="server" width=100%>
        <tr><td align=center><h4>访问日志</h4></td></tr>
        </table>
    </form>
  </body>
</html>
```

在以上代码中使用了对象 Application 来保存信息，下面会详细讲解它的用法，在实际中是在数据库中记录的，而且访问记录只赋予权限级别高的人查看。

浏览网页，单击访问信息的链接，可以看到如图 6–2 所示的页面。

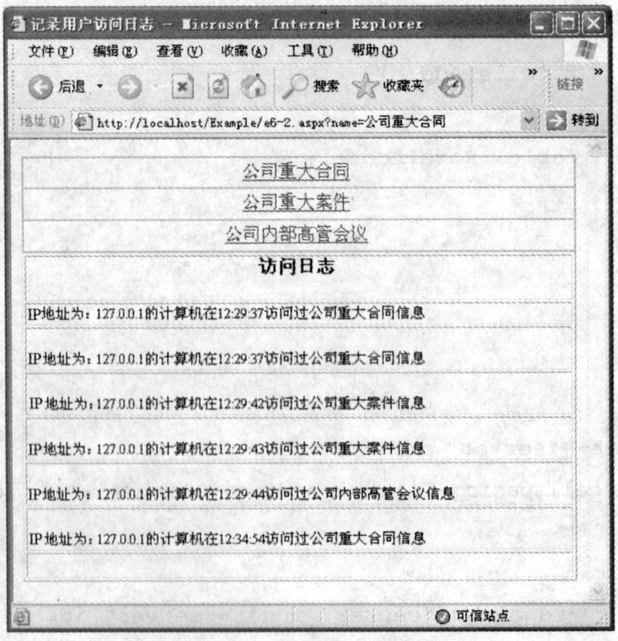

图 6–2　记录用户访问日志

6.2　实验二　Response 对象练习

实验目的

1. 了解 Response 对象的属性和方法。
2. 掌握 Response 对象的用法。

实验内容

使用 Response 对象在浏览器中打开文件，而且能够打开多种格式的文件，如.jpg、.txt、.doc 等，建立文件列表，单击链接打开相应的文件。

参考代码如下：

```
文档列表代码
<%@ Page Language="C#" %>
<html>
  <head>
      <title>文件浏览</title>
  </head>
  <body>
      <form runat="server" id="Form1">
          <table cellspacing="0" cellpadding="0" border="1" width="100%" height=
          "88">
              <tr>
                  <td align="center" runat="server" id="td1"><a href=
                  "e6-5.aspx?type=img&name=image1.jpg" target="_blank">图片</a>
                  </td>
              </tr>
              <tr>
                  <td align="center" runat="server" id="td2"><a href=
                  "e6-5.aspx?type=word&name=word1.doc" target="_blank">Word
                  文档</a></td>
              </tr>
              <tr>
                  <td align="center" runat="server" id="td3"><a href=
                  "e6-5.aspx?type=txt&name=txt1.txt" target="_blank">txt 文档
              </a></td>
              </tr>
          </table>
```

```
        </form>
    </body>
</html>
```

打开文档代码

```
<%@ Page Language="C#" %>
<html>
    <head>
        <title>记录用户访问日志</title>
        <script runat="server">
        void Page_Load(object Sender,EventArgs E)
        {
            string strName=Request.QueryString["name"];
            string strType=Request.QueryString["type"];
            Response.Clear();
            if (strType=="word")
                Response.AppendHeader("Content-type", "application/vnd.ms-word");
                Response.AppendHeader("Content-Disposition", "filename=
                Communications.doc");
                Response.WriteFile(@"c:/test/"+strName);
        }
        </script>
    </head>
    <body>
    </body>
</html>
```

浏览网页，单击 Word 文档可以看到如图 6–3、图 6–4 所示的页面。

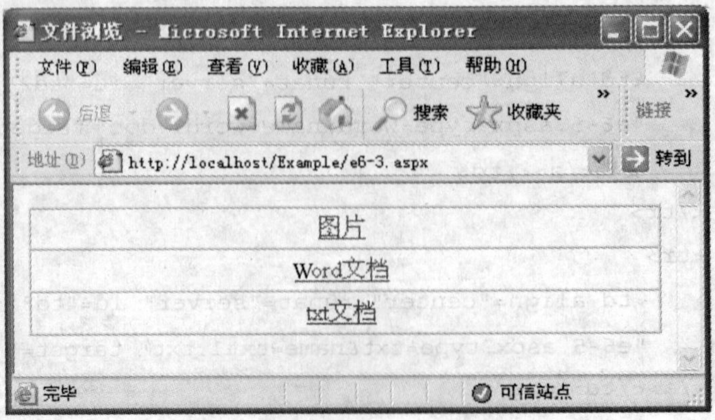

图 6–3　文件浏览页面

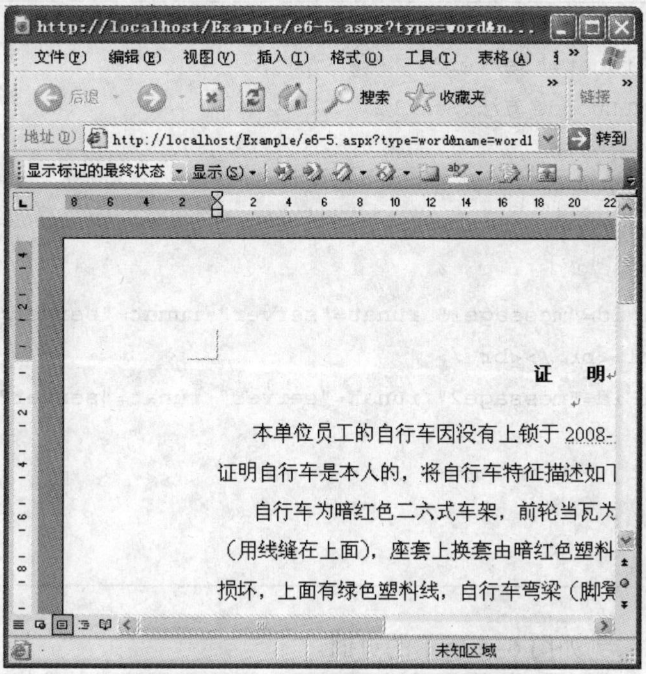

图 6-4　在浏览器中打开文档

6.3　实验三　Server 对象练习

实验目的

1. 了解 Server 对象的属性和方法。
2. 掌握 Server 对象的用法。

实验内容

1. 使用 Server 对象进行 HTML 编码解码

使用 Server 对象进行 HTML 编码在页面上显示<img src='logo.gif' width='100 height'='100'/>。参考代码如下：

```
<%@ Page Language="C#" %>
<script runat="server">
   void Page_Load(object Sender, EventArgs E)
   {
      message1.Text = "<img src='logo.gif' width='100' height='100'/>";
      message2.Text = Server.HtmlEncode("<img src='logo.gif' width='100'
      height='100' />");
   }
```

```
</script>
<head id="Head1" runat="server">
    <title>使用 HTMLEncode 方法</title>
</head>
<body>
    <form id="form1" runat="server">
    <center>
        <asp:Label id="message1" runat="server" runat="server">
        </asp:Label><br /><br />
        <asp:Label id="message2" runat="server" runat="server" ></asp:Label>

    </form>
</body>
</html>
```

浏览网页，可以看到如图 6–5 所示的页面。

图 6–5 HTMLEncode 方法应用示例

2. 应用 Server 对象的 MapPath 方法

参考代码如下：

```
<%@ Page Language="C#" %>
<script runat="server">
    void Page_Load(object Sender, EventArgs E)
    {
        message1.Text = "e6-9.aspx";
        message2.Text = Server.MapPath("e6-9.aspx");
```

```
  }
</script>
<head id="Head1" runat="server">
  <title>使用 MapPath 方法</title>
</head>
<body>
  <form id="form1" runat="server">
    <center>
    虚拟路径：<asp:Label id="message1" runat="server" runat="server">
    </asp:Label><br /><br />
    物理路径：<asp:Label id="message2" runat="server" runat="server">
    </asp:Label>
    </center>
  </form>
</body>
</html>
```

浏览网页，可以看到如图 6–6 所示的页面。

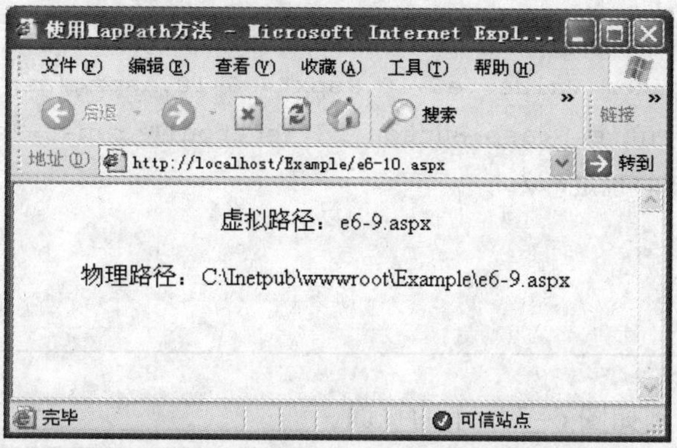

图 6–6　MapPath 方法应用示例

3. 应用 Server 对象的 Execute 方法

Execute 方法能够停止执行当前页面，转到其他页面执行，等执行完毕再返回原页面停止执行语句继续执行后面的语句。定向到新的网页后，新网页会继承原网页中的一些环境变量，如脚本执行时间。

注意：Execute 方法只能在站内定向。

下面使用 Server 对象的 Execute 方法实现页面嵌套。

参考代码如下：

```
<%@ Page Language="C#" %>
<script runat="server">
```

```
    void Enter(object Sender, EventArgs E)
    {
        string name;
        name = filename.SelectedItem.Value;
        Response.Write("<h3>你嵌入的文件名是: "+name+ "</h3>下面是该文件页面显示内容。");
        Response.Write("<hr/>");
        Server.Execute(name);
        Response.Write("<hr />");
    }
</script>
<head id="Head1" runat="server">
    <title>使用 Execute 方法</title>
</head>
<body>
    <form id="form1" runat="server">
        你要嵌入哪个页面:
        <asp:DropDownList id="filename" runat="server" >
            <asp:ListItem Value="e6-8.aspx">e6-8.aspx</asp:ListItem>
            <asp:ListItem Value="e6-9.aspx">e6-9.aspx</asp:ListItem>
            <asp:ListItem Value="e6-10.aspx">e6-10.aspx</asp:ListItem>
        </asp:DropDownList><asp:Button id="button1" runat="server" onclick=
        "Enter"  Text="确定" />
    </form>
</body>
</html>
```

浏览网页，可以看到如图 6–7 所示的页面。

图 6–7　Execute 方法应用示例

6.4 实验四 Application 对象练习

实验目的

1. 了解 Application 对象的属性和方法。
2. 掌握 Application 对象的用法。

实验内容

利用 Application 对象对在线销售商品的库存个数进行计数，当有人购买时商品的库存个数自动减少，进货时自动增加。

参考代码如下：

```
<%@ Page Language="C#" %>
<%@ Import Namespace="System.Data.SqlClient" %>
<%@ Import Namespace="System.Data" %>
<html>
    <head id="Head1">
        <title>在线水果店</title>
        <script runat="server">
        void Page_Load(object Sender, EventArgs E)
        {
            Label1.Text=Convert.ToInt32(Application["apple"]).ToString();
            Label2.Text=Convert.ToInt32(Application["banana"]).ToString();
        }
        void LinkButton1_Click(object sender, System.EventArgs e)
        {
            Application.Lock();
            Application["apple"] = Convert.ToInt32(Application["apple"])-1;
            Application.UnLock();
            Label1.Text=Application["apple"].ToString();
        }
        void LinkButton2_Click(object sender, System.EventArgs e)
        {
            Application.Lock();
            Application["apple"] = Convert.ToInt32(Application["apple"])+1;
            Application.UnLock();
            Label1.Text=Application["apple"].ToString();
        }
```

```
        void LinkButton3_Click(object sender, System.EventArgs e)
        {
            Application.Lock();
            Application["banana"] = Convert.ToInt32(Application["banana"])-1;
            Application.UnLock();
            Label2.Text=Application["banana"].ToString();
        }
        void LinkButton4_Click(object sender, System.EventArgs e)
        {
            Application.Lock();
            Application["banana"] = Convert.ToInt32(Application["banana"])+1;
            Application.UnLock();
            Label2.Text=Application["banana"].ToString();
        }
        </script>
    </head>
    <body>
        <form id="form1" runat="server">
            <center>
                <h4>水果在线商店</h4>
                苹果 5 元/个 现有<asp:Label id="Label1" runat="server">
                </asp:Label>个
                <asp:LinkButton id="LinkButton1" runat="server" onclick=
                "LinkButton1_Click">购买</asp:LinkButton>
                <asp:LinkButton id="LinkButton2" runat="server" onclick=
                "LinkButton2_Click">进货</asp:LinkButton>
                <br>
                香蕉 6 元/个 现有<asp:Label id="Label2" runat="server">
                </asp:Label>个
                <asp:LinkButton id="Linkbutton3" runat="server" onclick=
                "LinkButton3_Click">购买</asp:LinkButton>
                <asp:LinkButton id="Linkbutton4" runat="server" onclick=
                "LinkButton4_Click">进货</asp:LinkButton>
                <br>
            </center>
        </form>
    </body>
</html>
```

思考，如果将所有水果库存数量存放在一个 Application 变量中，应该如何处理？应用服务器需要重启时，用什么办法将 Application 变量中值保存，不对库存数量造成影响？浏览网页，可以看到如图 6–8 所示的页面。

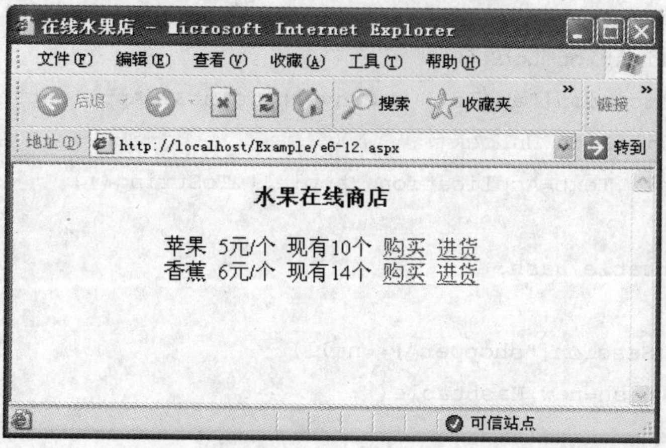

图 6–8　Application 对象应用示例

6.5　实验五　Session 对象练习

实验目的

1. 了解 Session 对象的属性和方法。
2. 掌握 Session 对象的用法。

实验内容

使用 Session 对象实现购物车功能，在购买水果后，计算购买了哪些水果，每种水果多少钱，共多少钱。

参考代码如下：

```
<%@ Page Language="C#" %>
<%@ Import Namespace="System.Data.SqlClient" %>
<%@ Import Namespace="System.Data" %>
<html>
    <head id="Head1">
        <title>在线水果店</title>
        <script runat="server">
        void Page_Load(object Sender, EventArgs E)
        {
            Label1.Text=Convert.ToInt32(Application["apple"]).ToString();
            Label2.Text=Convert.ToInt32(Application["banana"]).ToString();
```

```
}
void LinkButton1_Click(object sender, System.EventArgs e)
{
    Label3.Text="";
    Application.Lock();
    Application["apple"] = Convert.ToInt32(Application["apple"])-1;
    Application.UnLock();
    Label1.Text=Application["apple"].ToString();

    Hashtable hash;

    if (Session["shopper"]==null)
        hash=new Hashtable();
    else
        hash=(Hashtable)Session["shopper"];


    if (!hash.ContainsKey("苹果"))
        hash.Add("苹果","1");
    else
        hash["苹果"]=Convert.ToInt32(hash["苹果"])+1;

    Session["shopper"]=hash;

    int ap=0,bp=0;
    ap=Convert.ToInt32(hash["苹果"])*5;
    Label3.Text="苹果"+hash["苹果"].ToString()+"个,共"+ap.ToString()+"元";

    if (hash.ContainsKey("香蕉"))
    {
        bp=Convert.ToInt32(hash["香蕉"])*6;
        Label3.Text+="香蕉"+hash["香蕉"].ToString()+"个,"+bp.ToString()+
        "元";
    }
    Label3.Text+=",共"+(ap+bp).ToString()+"元";

}
void LinkButton3_Click(object sender, System.EventArgs e)
{
    Label3.Text="";
```

```
            Application.Lock();
            Application["banana"] = Convert.ToInt32(Application["banana"])-1;
            Application.UnLock();
            Label2.Text=Application["banana"].ToString();

            Hashtable hash;

            if (Session["shopper"]==null)
                hash=new Hashtable();
            else
                hash=(Hashtable)Session["shopper"];

            if (!hash.ContainsKey("香蕉"))
                hash.Add("香蕉","1");
            else
                hash["香蕉"]=Convert.ToInt32(hash["香蕉"])+1;

            Session["shopper"]=hash;

            int ap=0,bp=0;
            if (hash.ContainsKey("苹果"))
            {
                ap=Convert.ToInt32(hash["苹果"])*5;
                Label3.Text="苹果"+hash["苹果"].ToString()+"个，共"+ap.ToString()+
                "元";
            }

            bp=Convert.ToInt32(hash["香蕉"])*6;
            Label3.Text+="香蕉"+hash["香蕉"].ToString()+"个,共"+bp.ToString()+
            "元,共"+ (ap+bp).ToString()+"元";
        }
        </script>
    </head>
    <body>
        <form id="form1" runat="server">
            <center>
                <h4>水果在线商店</h4>
                苹果 5 元/个现有<asp:Label id="Label1" runat="server">
                </asp:Label>个
```

```
            <asp:LinkButton id="LinkButton1" runat="server" onclick=
            "LinkButton1_Click">购买</asp:LinkButton>
            <br>
            香蕉 6 元/个现有<asp:Label id="Label2" runat="server">
            </asp:Label>个
            <asp:LinkButton id="Linkbutton3" runat="server" onclick=
            "LinkButton3_Click">购买</asp:LinkButton>
            <br>
            您的购物车信息：<asp:Label id="Label3" runat="server">
            </asp:Label>
        </center>
    </form>
  </body>
</html>
```

在以上程序中使用了 Hashtable，在这里只是简单地以二维数组的形式使用它，由于篇幅限制，不再详细介绍，想了解更多有关 Hashtable 的用法，可上网查找相关资料。程序的逻辑很简单，在用户购买水果时先检查 Session 中有没有购买信息，如果没有，在 Hashtable 中添加该水果信息，如果有，则将 Session 中的信息赋予 Hashtable，然后将新的 Hashtable 存入 Session 中。

浏览网页，购买水果后可以看到如图 6–9 所示的页面。

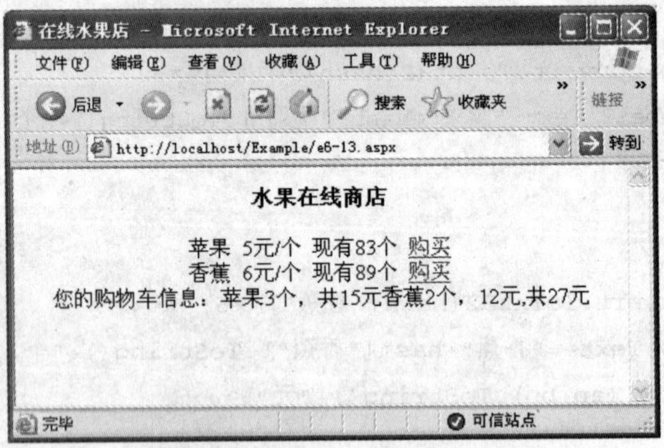

图 6–9 Session 对象应用示例

6.6 思考与练习

1. 编写一个请假页面，填写内容，提交后在另一个页面上显示提交的内容，并显示提交客户机的 IP 地址。

2. 利用 Response 对象的 Write 方法创建一个动态页面，能够根据用户输入的信息动态显示信息。

3. 编写一个对 HTML 编码的小程序。

4. 在自己的主页上添加计数器，并且能够显示在线浏览主页的人数。

5. 实现一个用户登录小程序，登录后能够记录用户姓名、性别、E-mail，在后面的页面中显示针对该用户的欢迎语句，并显示登录用户的其他信息。

第 7 章　ADO.NET 应用基础

7.1　实验一　编写程序连接数据库

实验目的

1. 掌握建立数据库的基本操作。
2. 掌握 ASP.NET 中数据库的连接方法。

实验内容

建立 Access、SQL Server 2000 数据库连接，并打印连接的属性值和状态，将连接字符串配置到 Web.config 文件中，操作步骤如下。

（1）建立 Web 应用程序，操作参考第 1 章相关内容。

（2）配置 Access、SQL Server 2000 数据库连接字符串。相关连接字符串代码如下：

```
<configuration>
⋮
<appSettings>
<add key="SQLServer" value="data source=.;initial
catalog=Example;user id=sa;pwd=; "></add>
<add key=" Access " value="Provider=Microsoft.Jet.OLEDB.4.0;Data
Source={0}\\DataBase\\ Example.mdb" ></add>
</appSettings>
⋮
</configuration>
```

（3）编写连接数据库代码。

参考代码如下：

```
<%@ Import Namespace="System.Data" %>
<%@ Import Namespace="System.Data.SqlClient" %>
<%@ Import Namespace="System.Data.OleDb" %>
<%@ Page Language="C#" %>
<script runat="server">
   void Page_Load(object Sender, EventArgs E)
   {
```

```
        SqlConnection conn = new SqlConnection();
        conn.ConnectionString = ConfigurationSettings.AppSettings["SQLServer"];
        conn.Open();
        Response.Write("SQLServer 数据库状态为: "+conn.State+"<br>");
        conn.Close();

        OleDbConnection conn1 = new OleDbConnection();
        conn1.ConnectionString = string.Format
        (ConfigurationSettings.AppSettings["Access"],System.Web.
        HttpContext.Current.Server.MapPath("."));
        conn1.Open();
        Response.Write("Access 数据库状态为: "+conn1.State);
        conn1.Close();
    }
</script>
<html xmlns="http://www.w3.org/1999/xhtml" >
<head id="Head1" runat="server">
    <title>连接数据</title>
</head>
<body>
    <form id="form1" runat="server">
    </form>
</body>
</html>
```

浏览网页，可以看到如图 7–1 所示的页面。

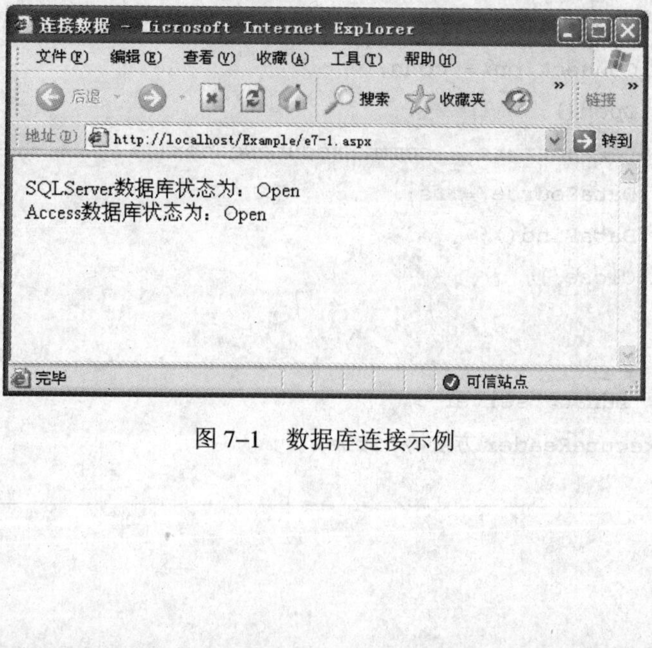

图 7–1　数据库连接示例

7.2 实验二 使用 Command 对象执行数据库命令

实验目的

1. 掌握 Command 对象的基本属性设置。
2. 熟悉 Command 对象执行 SQL 语句的方法。
3. 能够利用 Command 对象执行数据库存储过程。

实验内容

1. 应用 Command 对象的 ExecuteReader 方法

应用Command对象的ExecuteReader方法查询数据库中的数据，并将数据绑定到DataGrid中显示。

参考代码如下：

```
<%@ Import Namespace="System.Data" %>
<%@ Import Namespace="System.Data.SqlClient" %>
<%@ Page Language="C#" %>
<script runat="server">
    private void Page_Load(object sender, System.EventArgs e)
        {
            // 在此处放置用户代码以初始化页面
            SqlConnection conn = new SqlConnection();
            conn.ConnectionString = "data source=localhost;database=Northwind;user
            id=sa;password=";
            SqlCommand comm = new SqlCommand();
            comm.CommandText="select * from Products";
            comm.Connection = conn;
            conn.Open();
            SqlDataReader rs = comm.ExecuteReader();
            myrs.DataSource = rs;
            myrs.DataBind();
            conn.Close();
        }
</script>
<head id="Head1" runat="server">
    <title>使用 ExecuteReader 方法</title>
</head>
```

```
<body>
   <form id="form1" runat="server">
   <asp:DataGrid id="myrs"  runat="server"></asp:DataGrid>
   </form>
</body>
</html>
```

浏览网页，可以看到如图 7–2 所示的页面。

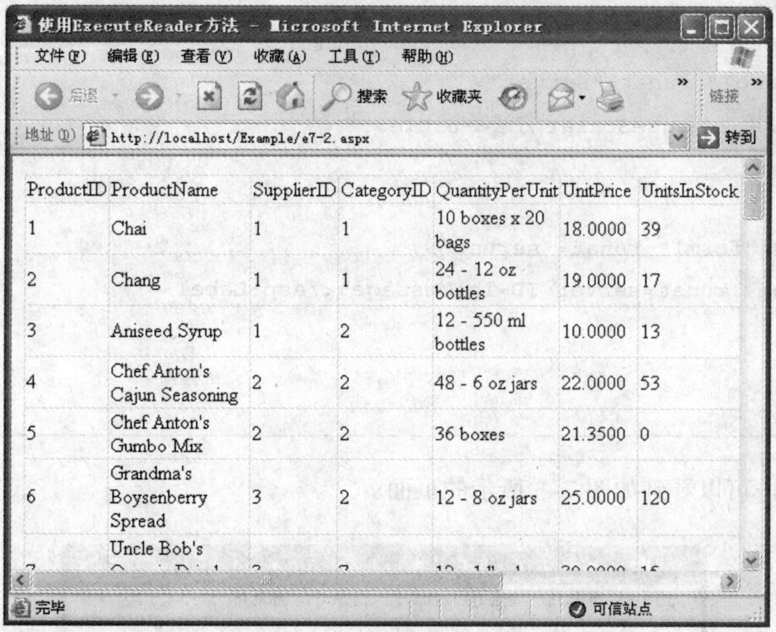

图 7–2　使用 ExecuteReader 方法查询的结果

2. 应用 Command 对象的 ExecuteScalar 方法

应用 Command 对象的 ExecuteScalar 方法统计 NorthWind 数据库中 Orders 表 Freight 的总和，并显示到页面上。

参考代码如下：

```
<%@ Import Namespace="System.Data" %>
<%@ Import Namespace="System.Data.SqlClient" %>
<%@ Page Language="C#" %>
<script runat="server">
   private void Page_Load(object sender, System.EventArgs e)
      {
         // 在此处放置用户代码以初始化页面
         SqlConnection conn = new SqlConnection();
```

```
            conn.ConnectionString = "data source=localhost;database=
            Northwind;user id=sa;password=";
            conn.Open();
            SqlCommand comm = new SqlCommand("select sum(Freight) from Orders",
            conn);
            double sum=Convert.ToDouble(comm.ExecuteScalar());
            lblMessage.Text = "Orders 表中 Freight 总和为: "+sum.ToString();
            conn.Close();
        }
</script>
<head id="Head1" runat="server">
   <title>使用 ExecuteScalar 方法</title>
</head>
<body>
   <form id="form1" runat="server">
   <asp:Label runat=server ID=lblMessage></asp:Label>
   </form>
</body>
</html>
```

浏览网页，可以看到如图 7–3 所示的页面。

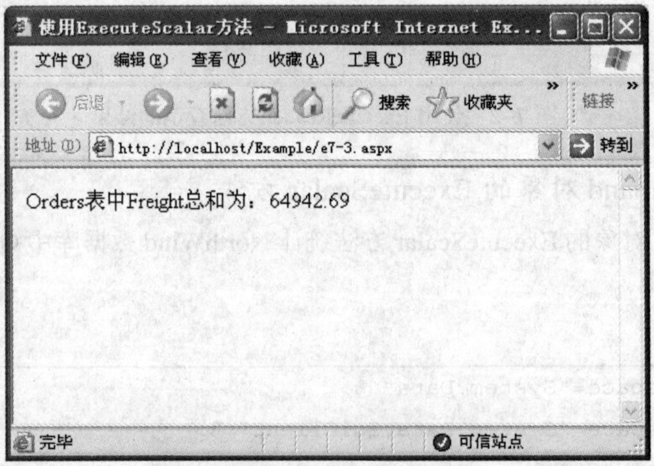

图 7–3　应用 ExecuteScalar 方法查询的结果

3. 应用 Command 对象的 ExecuteNonQuery 方法

应用 Command 对象的 ExecuteNonQuery 方法向数据库 Northwind 中的表 Customers 中添加记录。

```
<%@ Import Namespace="System.Data" %>
<%@ Import Namespace="System.Data.SqlClient" %>
<%@ Page Language="C#" %>
<script runat="server">
    private void Page_Load(object sender, System.EventArgs e)
        {
            SqlConnection conn = new SqlConnection();
            SqlTransaction trans;
            conn.ConnectionString = "data source=localhost;database=Northwind;
            User id=sa;password=";
            conn.Open();
            trans = conn.BeginTransaction() ;
            string sql="insert into Customers(CustomerID,CompanyName, ContactName,
            Address,City,Country,Phone,Fax)"+"values('qsoft','MX 奥道 X 有限公
            司','清风','北京古文化街','北京','中国','010-12345432','010-12300430')";
            SqlCommand comm = new SqlCommand(sql,conn,trans);
            try
            {
                comm.ExecuteNonQuery();
                trans.Commit();
            }
            catch{
                trans.Rollback();
            }
            conn.Close();
        }
</script>
<head id="Head1" runat="server">
    <title>使用 ExecuteScalar 方法</title>
</head>
<body>
    <form id="form1" runat="server">
    <asp:Label runat=server id=lblMessage></asp:Label>
    </form>
</body>
</html>
```

4. 应用 Command 对象调用带有参数的数据库存储过程

使用 Command 对象调用带有参数的数据库存储过程，并将存储过程查询的结果数据显示在页面上。

使用数据库 Northwind 中的 CustOrdersDetail 存储过程，存储过程代码如下：

```
create procedure CustOrdersDetail @OrderID int
as
select ProductName,
   UnitPrice=round(Od.UnitPrice, 2),
   Quantity,
   Discount=convert(int, Discount * 100),
   ExtendedPrice=round(convert(money, Quantity * (1 - Discount) * Od.UnitPrice),2)
from Products P, [Order Details] Od
where Od.ProductID = P.ProductID and Od.OrderID = @OrderID

go
```

参考代码如下：

```
<%@ Page Language="C#" %>
<%@ Import Namespace="System.Data.SqlClient" %>
<%@ Import Namespace="System.Data" %>
<head id="Head1">
   <title>使用 ExecuteScalar 方法</title>
   <script runat="server">
   private void Page_Load(object sender, System.EventArgs e)
      {
         SqlConnection conn = new SqlConnection();
         conn.ConnectionString = "data source=localhost;database=Northwind;
         user id=sa;password=";
         //将存储过程名 CustOrderHist 赋给 SqlCommand 对象
         SqlCommand comm = new SqlCommand("CustOrdersDetail",conn);
         comm.CommandType=CommandType.StoredProcedure;
         //为 comm 对象添加 Parameter 参数
         comm.Parameters.Add("@OrderID",SqlDbType.Int);
         // 为 Parameters["@OrderID"]赋值
         comm.Parameters["@OrderID"].Value="10249";
         conn.Open();
         SqlDataReader dr=comm.ExecuteReader();
```

```
            DataGrid1.DataSource=dr;
            DataGrid1.DataBind();
            conn.Close();
        }
    </script>
</head>
<body>
    <form id="form1" runat="server">
        <asp:DataGrid id="DataGrid1" runat="server"></asp:DataGrid>
    </form>
</body>
```

浏览页面，可以看到如图 7–4 所示的页面。

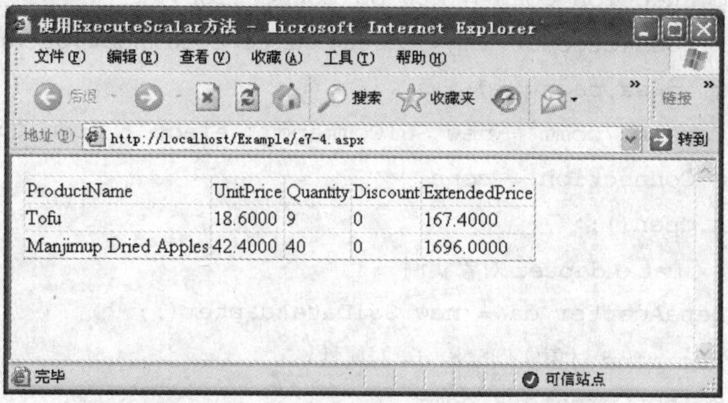

图 7–4　应用 ExecuteScalar 方法查询的结果

7.3　实验三　使用 DataAdapter 对象读写数据

实 验 目 的

1. 掌握 DataAdapter 对象的基本属性设置。
2. 熟悉 DataAdapter 对象与 Command 对象和 DataSet 对象的关系。
3. 能够利用 DataAdapter 对象操作数据库。

实 验 内 容

使用 DataAdapter 对象实现对数据表记录的查询、更新和删除。

参考代码如下：

```
<%@ Page Language="C#" %>
<%@ Import Namespace="System.Data.SqlClient" %>
```

```
<%@ Import Namespace="System.Data" %>
<head id="Head1">
    <title>使用 DataAdapter 对象</title>
    <script runat="server">
    void Page_Load(object sender, System.EventArgs e)
    {
        updatedata();
        showdata();
        deletedata();
    }
    void showdata()
    {
            // 在此处放置用户代码以初始化页面
            SqlConnection conn = new SqlConnection();
            conn.ConnectionString = "data source=localhost;database=Northwind;
            user id=sa;password=";
            SqlCommand comm = new SqlCommand("select * from Customers");
            comm.Connection = conn;
            conn.Open();
            //定义 DataAdapter 对象实例
            SqlDataAdapter da = new SqlDataAdapter();
            //把 Command 对象实例赋给 da 的属性
            da.SelectCommand = comm;
            //定义 DataSet 对象实例
            DataSet ds = new DataSet();
            //把 da 查询的数据填充到 ds 中
            da.Fill(ds, "Customers");
            //绑定数据到控件
            myrs.DataSource = ds.Tables["Customers"].DefaultView;
            myrs.DataBind();
            conn.Close();
    }
    void updatedata()
    {
            // 在此处放置用户代码以初始化页面
            SqlConnection conn = new SqlConnection();
            conn.ConnectionString = "data source=localhost;database=Northwind;
            user id=sa;password=";
            SqlCommand comm = new SqlCommand("update Customers set ContactName=
```

```
        'Mary' where CustomerID='BLAUS'");
        comm.Connection = conn;
        conn.Open();
        //定义 DataAdapter 对象实例
        SqlDataAdapter da = new SqlDataAdapter();
        //把 Command 对象实例赋给 da 的属性
        da.UpdateCommand = comm;
        da.UpdateCommand.ExecuteNonQuery();
        conn.Close();
    }
    void deletedata()
    {
        // 在此处放置用户代码以初始化页面
        SqlConnection conn = new SqlConnection();
        conn.ConnectionString = "data source=localhost;database=Northwind;
        user id=sa;password=";
        SqlCommand comm = new SqlCommand("delete from  Customers where
        CustomerID='BERGS'");
        comm.Connection = conn;
        conn.Open();
        //定义 DataAdapter 对象实例
        SqlDataAdapter da = new SqlDataAdapter();
        //把 Command 对象实例赋给 da 的属性
        da.DeleteCommand = comm;
        da.DeleteCommand.ExecuteNonQuery();
        conn.Close();
    }
    </script>
</head>
<body>
    <form id="form1" runat="server">
        <asp:DataGrid id="myrs" runat="server"></asp:DataGrid>
    </form>
</body>
```

以上程序删除 Customers 表中的记录，需要将该表与其他表的关系删除。可以自己实践使用 InsertCommand 对象添加数据库记录的操作。

浏览网页，可以看到如图 7–5 所示的页面。

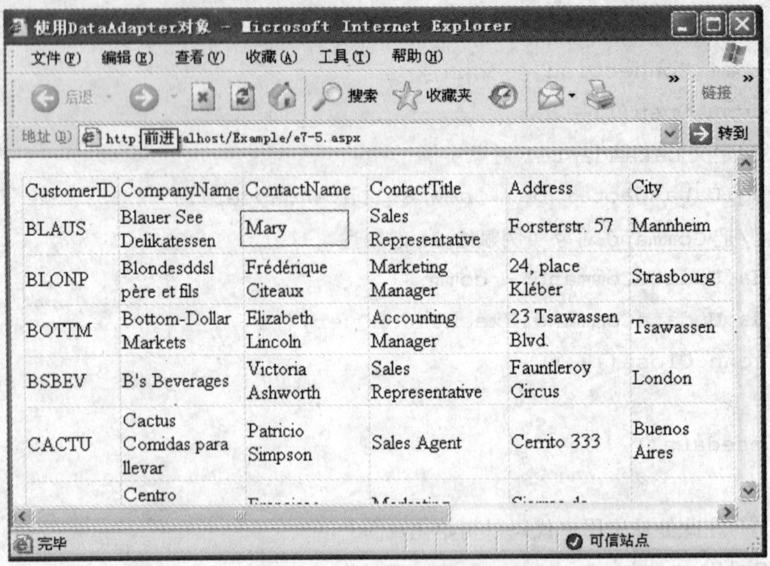

图 7–5 使用 DataAdapter 对象读写数据的结果

7.4 实验四 操作 DataSet 对象

实验目的

1. 掌握 DataSet 对象结构和对象间的从属关系。
2. 能够编程创建 DataSet 对象。
3. 能够操作 DataSet 对象。

实验内容

1. 创建 DataSet 对象

通过编程创建一个 DataSet 对象，其数据结构如表格 7.1 所示。创建完成后，添加数据并将 DataSet 中的数据显示在页面中。

表 7.1 DataSet 对象数据结构

字段名称	类　型	说明
Id	Int32	编号,自增列
Name	String	姓名
Sex	String	性别
Birthday	DateTime	出生日期

参考代码如下：

```
<%@ Import Namespace="System.Data" %>
<%@ Import Namespace="System.Data.SqlClient" %>
<%@ Page Language="C#" %>
<head id="Head1">
    <title>创建 DataSet 对象</title>
    <script runat="server">
    void Page_Load(object sender, System.EventArgs e)
    {
        DataTable dt = new DataTable();           //声明 DataTable 对象实例
        DataColumn dc;                            //声明 DataColumn 对象变量
        DataRow dr;                               //声明 DataRow 对象变量
          //定义编号字段
          dc = new DataColumn();
          dc.DataType = System.Type.GetType("System.Int32");   //字段数据类型
          dc.ColumnName = "Id";                   //定义字段名
          dc.AutoIncrement = true;                //定义自动递增
          dc.AutoIncrementSeed = 1;               //设置从 0 开始
          dc.AutoIncrementStep = 1;               //设置递增值为 1
          dt.Columns.Add(dc);
          //定义姓名字段
          dc = new DataColumn();
          dc.DataType = System.Type.GetType("System.String");
          dc.ColumnName = "name";
          dt.Columns.Add(dc);
          //定义性别字段
          dc = new DataColumn();
          dc.DataType = System.Type.GetType("System.String");
          dc.ColumnName = "sex";
          dt.Columns.Add(dc);
          //定义生日字段
          dc = new DataColumn();
          dc.DataType = System.Type.GetType("System.DateTime");
          dc.ColumnName = "Birthday";
          dt.Columns.Add(dc);
          //定义关键字
          DataColumn[] key = { dt.Columns["Id"] };
          dt.PrimaryKey = key;
          //为第 0 行赋值
          dr = dt.NewRow();
```

```
        dr["name"] = "老板";
        dr["sex"] = "女";
        dr["Birthday"] = Convert.ToDateTime("1990-1-1");
        dt.Rows.Add(dr);
        //为第 1 行赋值
        dr = dt.NewRow();
        dr["name"] = "小二";
        dr["sex"] = "男";
        dr["Birthday"] = "1991-1-1";
        dt.Rows.Add(dr);
        //将 dt 表填充到 DataSet 对象中
        DataSet ds = new DataSet();
        ds.Tables.Add(dt);
        ds.Tables[0].TableName = "friend";
        //将数据绑定到控件上
        myrs.DataSource = ds.Tables["friend"].DefaultView;
        myrs.DataBind();
    }
    </script>
</head>
<body>
    <form id="form1" runat="server">
        <asp:DataGrid id="myrs" runat="server" AutoGenerateColumns="False">
            <Columns>
                <asp:BoundColumn DataField="Id" HeaderText="Id">
                </asp:BoundColumn>
                <asp:BoundColumn DataField="Name" HeaderText="Name">
                </asp:BoundColumn>
                <asp:BoundColumn DataField="Sex" HeaderText="Sex">
                </asp:BoundColumn>
                <asp:BoundColumn DataField="Birthday" HeaderText="Birthday"
                DataFormatString="{0:d}"></asp:BoundColumn>
            </Columns>
        </asp:DataGrid>
    </form>
</body>
```

注意以上代码中为日期型变量赋值和格式化显示的设置。浏览网页，可以看到如图 7–6 所示的页面。

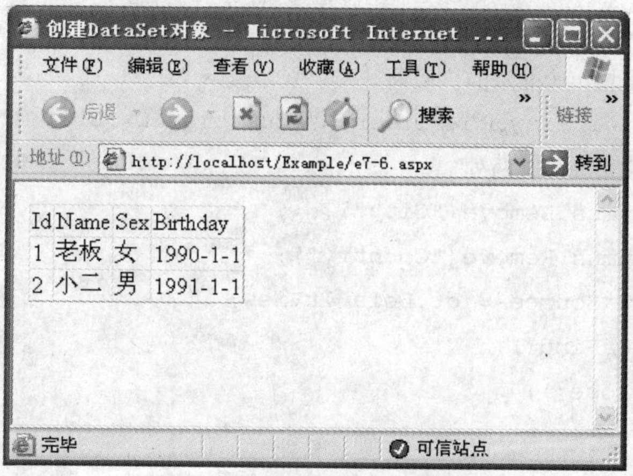

图 7–6　创建 DataSet 对象的结果

2. 操作 DataSet 对象

实现对 DataSet 数据的排序、筛选、删除行、删除列操作，操作对象为 Northwind 数据库中的 Customers 表。

参考代码如下：

```
<%@ Import Namespace="System.Data" %>
<%@ Import Namespace="System.Data.SqlClient" %>
<%@ Page Language="C#" %>
<head id="Head1">
   <title>操作 DataSet 对象</title>
   <script runat="server">
   void Page_Load(object sender, System.EventArgs e)
   {
           // 在此处放置用户代码以初始化页面
           SqlConnection conn=new SqlConnection();
           conn.ConnectionString="user id=sa;data source='.';initial catalog=
           Northwind";
           SqlDataAdapter da=new SqlDataAdapter("select top 5 CustomerID,
           CompanyName,ContactName,City,Country from Customers",conn);
           DataSet ds =new DataSet();
           da.Fill(ds,"Customers");
           //按照 ContactName 进行升序排列
           ds.Tables["Customers"].DefaultView.Sort="ContactName ASC";
           dg1.DataSource=ds.Tables["Customers"].DefaultView;
           dg1.DataBind();
           //建立一个新 DataTable 对象，并命名为 DataSet 对象中的 CustomerID=BLONP 表
           DataTable dt = new DataTable("CustomerID=BLONP");
```

```
        dt = ds.Tables["Customers"];
        //筛选出城市为北京的供应商
        dt.DefaultView.RowFilter = "CustomerID='BLONP'";
        //删除主页和传真两列
        dt.Columns.Remove("City");
        dt.Columns.Remove("Country");
        dg2.DataSource = dt.DefaultView;
        dg2.DataBind();
        conn.Close();

    }
    </script>
</head>
<body>
    <form id="form1" runat="server">
        操作前按 ContactName 进行升序排列<br>
        <asp:DataGrid id="dg1" runat="server" AutoGenerateColumns="true">
        </asp:DataGrid><br>
        操作后进行 CustomerID=BLONP 过滤
        <asp:DataGrid id="dg2" runat="server" AutoGenerateColumns="true">
        </asp:DataGrid>
    </form>
</body>
```

浏览网页，可以看到如图 7–7 所示的页面。

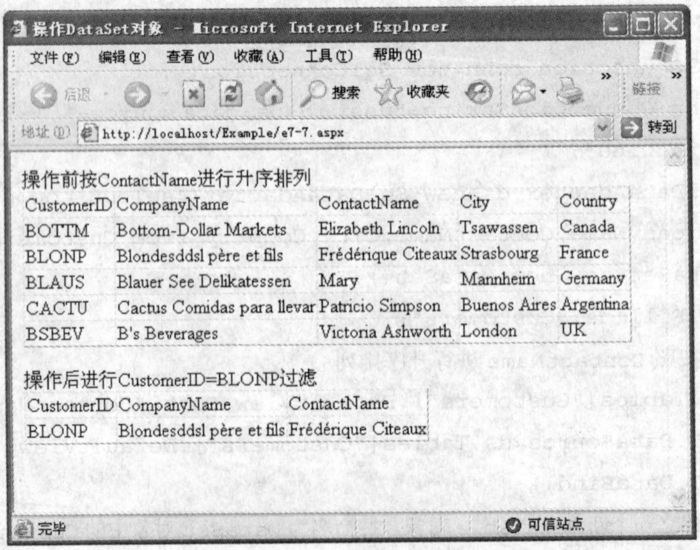

图 7–7　操作 DataSet 对象的结果

7.5　实验五　使用 DataReader 对象读取数据

实验目的

1. 熟悉 DataReader 对象的用法。
2. 能够熟练控制 DataReader 对象读取数据。

实验内容

使用 DataReader 对象读取数据，通过 Read()方法逐行读取数据，并控制在页面上显示的格式。查询 Customers 表，不显示 CustomerID 列，控制一行显示公司名称，下一行显示该公司的其他字段。

参考代码如下：

```
<%@ Import Namespace="System.Data" %>
<%@ Import Namespace="System.Data.SqlClient" %>
<%@ Page Language="C#" %>
<head id="Head1">
    <title>使用 DataReader 对象读取数据</title>
    <script runat="server">
    void Page_Load(object sender, System.EventArgs e)
    {
            // 在此处放置用户代码以初始化页面
            SqlConnection conn = new SqlConnection();
            conn.ConnectionString = "data source=localhost;database=Northwind;
            User id=sa;password=";
            SqlCommand comm = new SqlCommand("select top 5 * from Customers");
            comm.Connection = conn;
            conn.Open();
            SqlDataReader rs = comm.ExecuteReader();

            try
            {
                Response.Write("<table cellspacing=0 cellpadding=0  border=1
                style='Font-size:12px;'>");

                //循环读取每一条记录
                while (rs.Read())
                {
                    Response.Write("<tr>");
```

```
                    Response.Write("<td colSpan=9>" + rs.GetValue(1) + "</td>");
                    Response.Write("</tr>");
                    Response.Write("<tr>");
                    //循环读取每一条记录的字段值
                    for (int i = 2; i <= rs.FieldCount-1; i++)
                    {
                        Response.Write("<td>" + rs.GetValue(i) + "</td>");
                    }
                    Response.Write("</tr>");
                }
                Response.Write("</table>");

            }
            finally
            {
                rs.Close();
                conn.Close();
            }

        }
        </script>
    </head>
    <body>
        <form id="form1" runat="server">
        </form>
    </body>
```

浏览网页，可以看到如图 7–8 所示的页面。

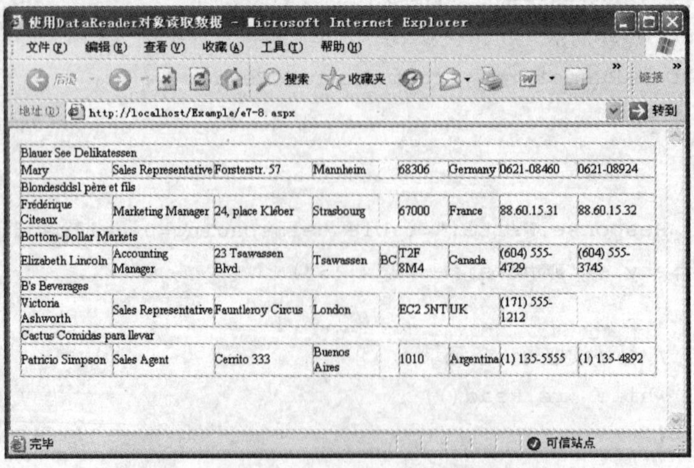

图 7–8　使用 DataReader 对象读取数据的结果

7.6　思考与练习

1. 利用 Connection 对象连接 SQL Server 2000 示例数据库 Northwind。

2. 使用 Command 对象的 ExecuteNonQuery 方法向 Northwind 数据库的 Customers 表中添加一条记录。

3. 使用 Command 对象的 ExecuteReader 方法执行 Northwind 数据库中的 CustOrderHist 存储过程，并将结果显示在前台页面。

4. 使用 DataAdapter 对象实现对 Northwind 数据库中 Employees 表的增、删、改、查操作。

5. 利用 DataSet 对象实现对数据的排序、筛选，动态添加一个日期类型的数据列、一个布尔类型的数据列。

6. 实现利用 DataReader 对象获取数据，以数据源的方式赋予数据显示控件显示数据，同时实现利用 DataReader 对象逐条读取的方式显示数据。

第 8 章　数据库应用编程

8.1　实验一　数据库 SQL 语句练习

实验目的

1. 熟练掌握基础的 SQL 语句查询用法。
2. 能够使用分组查询、聚合查询。
3. 熟练掌握多表查询的用法。
4. 熟练掌握对表的增、删、改、查的操作。

实验内容

（1）对 SQL Server 示例数据库 Northwind 中的 Employees 表进行查询，查询 1950 年后出生人员的前 3 条记录，只显示 LastName、FirstName、Title、BirthDate 这 4 列。

参考语句如下：

```
select  top  3  LastName,FirstName,Title,BirthDate  from  Employees  where
BirthDate>'1949-12-31'
```

（2）对 SQL Server 示例数据库 Northwind 中的 Employees 表进行查询，查询员工年龄总和、最大年龄、最小年龄、平均年龄、员工人数。计算员工年龄可以使用 DATEDIFF 函数。

参考语句如下：

```
select
sum(DATEDIFF(year,birthdate,getdate())),max(DATEDIFF(year,birthdate,getdate())),
min(DATEDIFF(year,birthdate,getdate())),avg(DATEDIFF(year,birthdate,getdate())),
count(*)   from Employees
```

（3）对 SQL Server 示例数据库 Northwind 中的 Customers、Orders 表进行连接查询，既显示 Orders 的信息，也显示 Customers 的信息。

参考语句如下：

```
select dbo.Orders.OrderID, dbo.Orders.CustomerID, dbo.Orders.EmployeeID,
    dbo.Orders.OrderDate, dbo.Orders.RequiredDate, dbo.Orders.ShippedDate,
    dbo.Orders.ShipVia, dbo.Orders.Freight, dbo.Orders.ShipName,
    dbo.Orders.ShipAddress, dbo.Orders.ShipCity, dbo.Orders.ShipRegion,
    dbo.Orders.ShipPostalCode, dbo.Orders.ShipCountry,
```

```
dbo.Customers.CompanyName, dbo.Customers.Address, dbo.Customers.City,
dbo.Customers.Region,
dbo.Customers.PostalCode, dbo.Customers.Country
from dbo.Customers inner join
dbo. Orders ON dbo.Customers.CustomerID = dbo.Orders.CustomerID
```

（4）对 SQL Server 示例数据库 Northwind 中的 Employees 表进行添加、更新、删除操作。其中，添加操作只插入 CustomerID、CompanyName。ContactName、Address、City、Country、Phone、Fax 的值，添加后更新 CustomerID 为 qsoft 的 CompanyName 为“清×风×轩科技有限公司”，最后删除该条记录。

参考语句如下：

```
添加记录：
insert into Customers(CustomerID,CompanyName,ContactName,Address,City,Country,
Phone,Fax)values('qsoft','清×风×轩有限公司','清风','北京古文化街','北京','中
国','010-12345432','010-12345430')
更新记录：
update Customers set CompanyName='清×风×轩有限公司' where CustomerID=' qsoft'
删除记录：
delete from Customers where CustomerID='qsoft'
```

8.2 实验二 编程实现对数据库表的操作

实 验 目 的

1. 熟悉 DataGrid 控件的属性设置。
2. 能够熟练使用 DataGrid 控件对。

实 验 内 容

利用 DataGrid 控件实现对表中数据的显示、更新、删除操作。

参考代码如下：

```
<%@ Page Language="C#" %>
<%@ Import Namespace="System.Data" %>
<%@ Import Namespace="System.Data.SqlClient" %>
<script runat="server">
  void Page_Load(object sender, EventArgs e)
  {
     if (!(Page.IsPostBack))
     {
        data_show();
     }
```

```
}
//数据编辑子程序
void myEdit(object sender, DataGridCommandEventArgs e)
{
    table1.EditItemIndex = System.Convert.ToInt32(e.Item.ItemIndex);
    data_show();
}
//取消操作子程序
void myCancel(object sender, DataGridCommandEventArgs e)
{
    table1.EditItemIndex = -1;
    data_show();
}
//数据更新子程序
void myUpdate(object sender, DataGridCommandEventArgs e)
{
    SqlConnection conn = new SqlConnection();
    conn.ConnectionString = "data Source=localhost;database=Northwind;user
    id=sa;password=";
    conn.Open();
    //声明文本框控件变量，并与数据列字段绑定
    TextBox tb1,tb2,tb3,tb4,tb5,tb6,tb7,tb8,tb9,tb10,tb11;
    tb1 = (TextBox)e.Item.Cells[2].Controls[0];
    tb2 = (TextBox)e.Item.Cells[3].Controls[0];
    tb3 = (TextBox)e.Item.Cells[4].Controls[0];
    tb4 = (TextBox)e.Item.Cells[5].Controls[0];
    tb5 = (TextBox)e.Item.Cells[6].Controls[0];
    tb6 = (TextBox)e.Item.Cells[7].Controls[0];
    tb7 = (TextBox)e.Item.Cells[8].Controls[0];
    tb8 = (TextBox)e.Item.Cells[9].Controls[0];
    tb9 = (TextBox)e.Item.Cells[10].Controls[0];
    tb10 = (TextBox)e.Item.Cells[11].Controls[0];
    tb11 = (TextBox)e.Item.Cells[12].Controls[0];
    //定义更新字符串
    string sql;
    sql = "update Customers set CompanyName='" + tb1.Text + "',ContactName=
    '"+tb2.Text+"',ContactTitle='"+tb3.Text+"',Address='" + tb4.Text +"',City=
    '"+ tb5.Text + "',Region='" + tb6.Text + "',PostalCode='" + tb7.Text +
    "'where CustomersID=" + table1.DataKeys[System.Convert.ToInt32 (e.Item.
```

```
        ItemIndex)];
        SqlCommand comm = new SqlCommand(sql, conn);
        comm.ExecuteNonQuery();
        conn.Close();
        //返回初始化状态
        table1.EditItemIndex = -1;
        data_show();
    }
    //数据删除子程序
    void myDelete(object sender, DataGridCommandEventArgs e)
    {
        SqlConnection conn = new SqlConnection();
        conn.ConnectionString = "data source=localhost;database=Northwind;user
        id=sa;password=";
        conn.Open();
        string sql;
        sql = "delete from Customers " + " where CustomerID='" + table1.DataKeys
        [System.Convert.ToInt32(e.Item.ItemIndex)]+"'";
        SqlCommand comm = new SqlCommand(sql, conn);
        comm.ExecuteNonQuery();
        conn.Close();
        table1.EditItemIndex = -1;
        data_show();
    }
    //数据显示子程序
    void data_show()
    {
        SqlConnection conn = new SqlConnection();
        conn.ConnectionString = "data source=localhost;database=Northwind;user
        id=sa;password=";
        conn.Open();
        string sql;
        sql = "select * from Customers";
        SqlDataAdapter da = new SqlDataAdapter(sql, conn);
        DataSet ds = new DataSet();
        da.Fill(ds, "mytable");
        table1.DataSource = ds.Tables["mytable"].DefaultView;
        table1.DataBind();
        conn.Close();
    }
</script>
<head id="Head1" runat="server">
    <title>使用DataGrid更新数据</title>
```

```
</head>
<body>
    <form id="form1" runat="server">
        <asp:DataGrid id="table1" runat="server" Font-Size="12px"
        HeaderStyle-BackColor="#dddddd" Width="98%"
         OnEditCommand="myEdit" OnCancelCommand="myCancel" OnUpdateCommand=
        "myUpdate" OnDeleteCommand="myDelete" DataKeyField="CustomerID"
        AutoGenerateColumns="true">
            <Columns>
                <asp:EditCommandColumn EditText="编辑" UpdateText="更新" CancelText=
                "取消" ItemStyle-Wrap="false"></asp:EditCommandColumn>
                <asp:ButtonColumn Text="删除" CommandName=
                "Delete"></asp:ButtonColumn>
            </Columns>
        </asp:DataGrid>
    </form>
</body>
</html>
```

在以上程序中要实现删除功能，还要在数据库中除去表 Customers 与其他表的关联。事件 OnEditCommand="myEdit"、OnCancelCommand="myCancel"、OnUpdateCommand="myUpdate"、OnDeleteCommand="myDelete"分别对应编辑、取消、更新、删除操作。DataKeyField="CustomerID"用于设置操作数据的主键。

浏览网页，单击“编辑”链接可以看到如图 8-1 所示的页面。

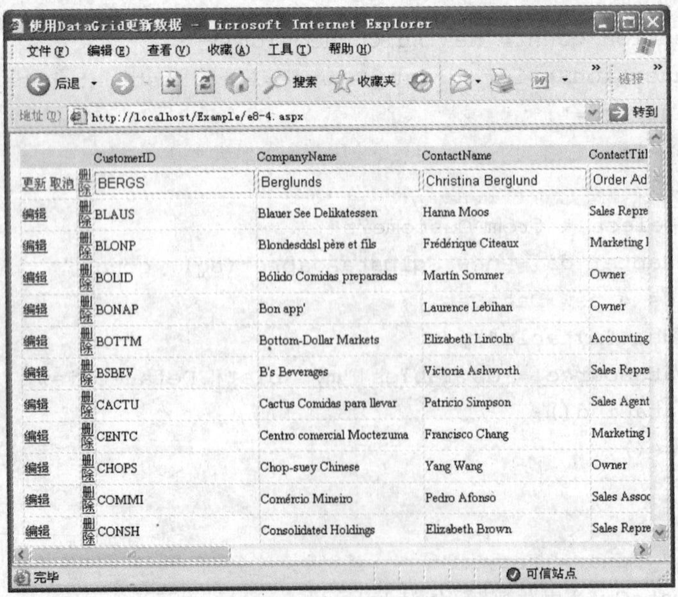

图 8-1　使用 DataGrid 控件更新、删除数据

8.3　实验三　实现对 DataGrid 列的控制

实验目的

1. 熟悉 DataGrid 控件列的设置。
2. 能够自定义列的显示样式。

实验内容

使用 DataGrid 控件绑定数据并以 Label、TextBox、Button 控件显示 DataGrid 的列。

参考代码如下：

```
<%@ Page Language="C#"%>
<%@ Import Namespace="System.Data" %>
<%@ Import Namespace="System.Data.SqlClient" %>
<script runat="server">
   void Page_Load(object sender, EventArgs e)
   {
       SqlConnection conn = new SqlConnection();
       conn.ConnectionString = "data Source=localhost;database=Northwind;user
       id=sa;password=";
       conn.Open();
       string sql;
        sql = "select * from Customers";
       SqlDataAdapter da = new SqlDataAdapter(sql, conn);
       DataSet ds = new DataSet();
       da.Fill(ds, "mytable");
       table1.DataSource = ds.Tables["mytable"].DefaultView;
       table1.DataBind();
       conn.Close();
   }
</script>
<html xmlns="http://www.w3.org/1999/xhtml" >
<head id="Head2" runat="server">
   <title>自定义 DataGrid 显示列</title>
</head>
<body>
   <form id="form2" runat="server">
       <asp:DataGrid  id="table1"  runat="server"  Font-Size="12px"
```

```
HeaderStyle-BackColor="#dddddd"  headerStyle-HorizontalAlign="Center"
Width="98%" AutoGenerateColumns="false">
   <Columns>
       <asp:TemplateColumn HeaderText="公司">
          <ItemTemplate>
              <asp:Button id="button1" Text=<%#((DataRowView)
              Container.DataItem)["CompanyName"]%>  runat="server" />
          </ItemTemplate>
       </asp:TemplateColumn>
       <asp:TemplateColumn HeaderText="联系人">
          <ItemTemplate>
              <asp:TextBox id="textbox1" Text=<%#((DataRowView)
              Container.DataItem)["ContactName"]%>
              runat="server"></asp:TextBox>
          </ItemTemplate>
       </asp:TemplateColumn>
       <asp:TemplateColumn HeaderText="联系电话">
          <ItemTemplate>
              <asp:Label id="label1" Text=<%#((DataRowView)
              Container.DataItem)["Phone"]%> ForeColor="blue" BackColor=
              "#ccccff" runat="server"></asp:Label>
          </ItemTemplate>
       </asp:TemplateColumn>
       <asp:TemplateColumn HeaderText="所在城市">
          <ItemTemplate>
              <asp:TextBox id="textbox2"
              Text=<%#((DataRowView)Container.DataItem)["City"]%>
              runat="server"></asp:TextBox>
          </ItemTemplate>
       </asp:TemplateColumn>
       <asp:TemplateColumn HeaderText="所在地区">
          <ItemTemplate>
              <asp:Button id="button2" Text=<%#((DataRowView)
              Container.DataItem)["Region"]%>  Enabled="false" runat=
              "server"/>
          </ItemTemplate>
       </asp:TemplateColumn>
   </Columns>
</asp:DataGrid>
```

```
    </form>
</body>
</html>
```

浏览网页，可以看到如图 8–2 所示的页面。

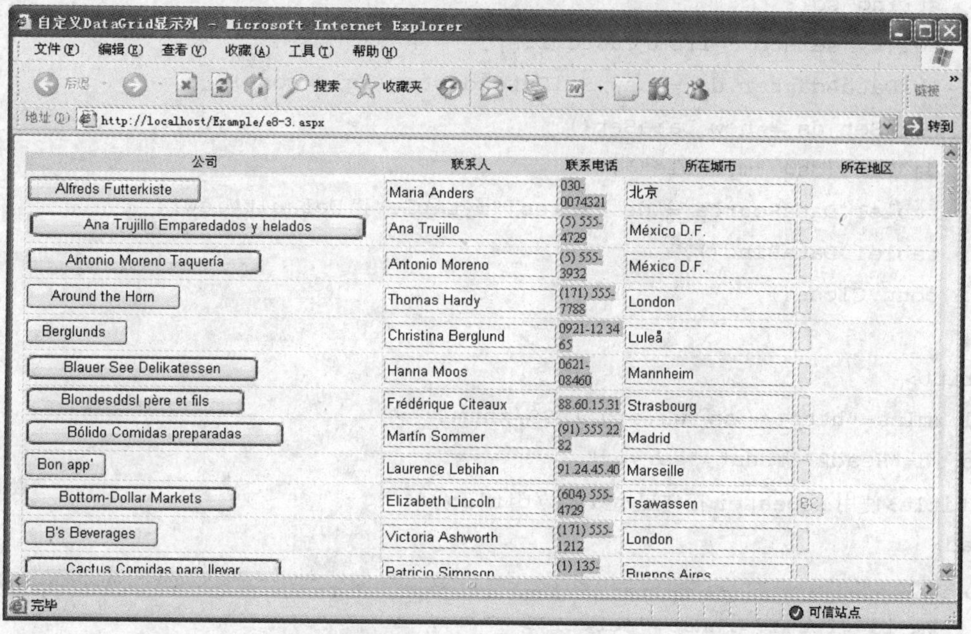

图 8–2　DataGrid 列的显示

8.4　实验四　使用 Repeater 控件练习

实验目的

1. 熟悉 Repeater 控件绑定、显示数据的方法。
2. 能够使用其提供的模板设计数据显示样式。

实验内容

使用 DataList 控件显示数据库中表的数据，并设计显示的样式。

参考代码如下：

```
<%@ Page Language="C#" %>
<%@ Import Namespace="System.Data" %>
<%@ Import Namespace="System.Data.SqlClient" %>
<script runat="server">
    void Page_Load(object sender, EventArgs e)
```

```
    {
        SqlConnection conn = new SqlConnection();
        conn.ConnectionString = "data source=localhost;database=Northwind;user
        id=sa;password=";
        conn.Open();
        string sql;
        sql = "select * from Customers";
        SqlDataAdapter da = new SqlDataAdapter(sql, conn);
        DataSet ds = new DataSet();
        da.Fill(ds, "mytable");
        table1.DataSource = ds.Tables["mytable"].DefaultView;
        table1.DataBind();
        conn.Close();
    }
</script>
<html xmlns="http://www.w3.org/1999/xhtml" >
<head id="Head2" runat="server">
    <title>使用 Repeater 控件显示数据</title>
</head>
<body>
    <form id="form1" runat="server">
        <asp:Repeater ID="table1" runat="server">
            <ItemTemplate>
                <%#DataBinder.Eval(Container.DataItem,"CompanyName")%> 公司联系人
                <span style="color:Red;"><%#DataBinder.Eval(Container.DataItem,
                "ContactName")%></span> <br/>
                    联系电话是：<span style="color:blue;">
                <%#DataBinder.Eval(Container.DataItem,"Phone")%></span><br/>
                <br/>
            </ItemTemplate>
        </asp:Repeater>
    </form>
</body>
</html>
```

浏览网页，可以看到如图 8–3 所示的页面。

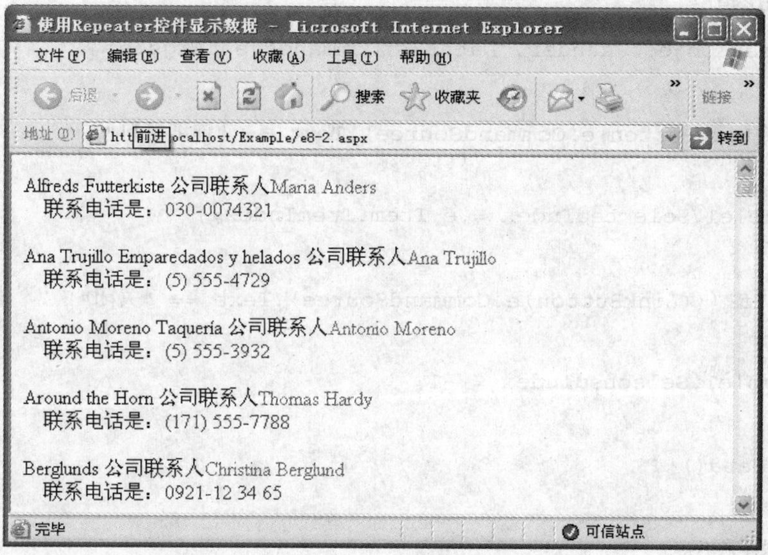

图 8–3 使用 Repeater 控件显示数据

8.5 实验五 使用 DataList 控件练习

实验目的

1. 熟练掌握使用 DataList 控件绑定、显示数据的方法。
2. 能够使用 DataList 控件实现更新、删除记录的操作。

实验内容

1. 使用 DataList 控件显示数据库中表的数据

使用 DataList 控件显示数据库中表的数据，因为 DataList 控件具有 DataGrid 控件和 Repeater 控件的双重优势，所以每条记录都设置有详细信息链接，单击可以显示该记录的详细信息。

参考代码如下：

```
<%@ Page Language="C#" %>
<%@ Import Namespace="System.Data" %>
<%@ Import Namespace="System.Data.SqlClient" %>
<script runat="server">
   void Page_Load(object sender, EventArgs e)
   {
      show_data();
   }
```

```
    //事件响应子程序
    void myList(Object sender, DataListCommandEventArgs e)
    {
        if (((LinkButton)e.CommandSource).Text == "详细资料")
        {
            table1.SelectedIndex = e.Item.ItemIndex;
        }
        else if (((LinkButton)e.CommandSource).Text == "关闭")
        {
            table1.SelectedIndex = -1;
        }
        show_data();
    }
    //显示数据子程序
    void show_data()
    {
        SqlConnection conn = new SqlConnection();
        conn.ConnectionString = "data source=localhost;database=Northwind;user
        id=sa;password=";
        conn.Open();
        string sql;
        sql = "select * from Customers";
        SqlDataAdapter da = new SqlDataAdapter(sql, conn);
        DataSet ds = new DataSet();
        da.Fill(ds, "mytable");
        table1.DataSource = ds.Tables["mytable"].DefaultView;
        table1.DataBind();
        conn.Close();
    }
</script>
<html xmlns="http://www.w3.org/1999/xhtml" >
<head id="Head2" runat="server">
    <title>使用DataList控件显示数据</title>
</head>
<body>
    <form id="form1" runat="server">
        <asp:DataList id="table1" runat="server" SelectedItemStyle-BackColor=
        Lavender OnItemCommand="myList">
            <HeaderTemplate>
```

```
        <div style="width:100%;text-align:center; margin-bottom:12px;">
        <h3>客户联系列表</h3></div>
    </HeaderTemplate>
    <ItemTemplate>
        <%#DataBinder.Eval(Container.DataItem,"CompanyName")%> 公司联系人
        <span style="color:Red;"><%#DataBinder.Eval(Container.DataItem,
        "ContactName")%> </span> <br/>     
        联系电话是: <span style="color:blue;"><%#DataBinder.Eval
        (Container.DataItem,"Phone")%></span>
        <div style="width:100%; text-align:right;"><asp:LinkButton
        ID="detail" runat="server" Text="详细资料"></asp:LinkButton>
        </div>
    </ItemTemplate>
    <SelectedItemTemplate>
            公司名称: <span style="color:Red;"><%#DataBinder.Eval
            (Container.DataItem, "CompanyName")%></span><br />
            联系人: <span style="color:Red;"><%#DataBinder.Eval
            (Container.DataItem, "ContactName")%></span><br />
            联系人职务: <span style="color:Red;"><%#DataBinder.Eval
            (Container.DataItem, "ContactTitle")%></span><br />
            地址: <span style="color:Red;"><%#DataBinder.Eval
            (Container.DataItem,"Address")%></span><br />
            邮政编码: <span style="color:Red;"><%#DataBinder.Eval
            (Container.DataItem, "PostalCode")%></span><br/>
            电话: <span style="color:Red;"><%#DataBinder.Eval
            (Container.DataItem, "Phone")%></span><br/>
            城市: <span style="color:Red;"><%#DataBinder.Eval
            (Container.DataItem, "Phone")%></span><br/>
            地区: <span style="color:Red;"><%#DataBinder.Eval
            (Container.DataItem, "Region")%></span><br/>
            <div style="width:100%; text-align:right;"><asp:LinkButton
            ID="Linkbutton1" runat="server" Text="关闭">
            </asp:LinkButton></div>
    </SelectedItemTemplate>
    <SeparatorTemplate>
        <div style="border-top:dotted 1px #aaa; width:100%;" ></div>
    </SeparatorTemplate>
    <FooterTemplate>
        <br/>本联系表有限期为 1 年, 1 年后需要重新更新!
```

```
        </FooterTemplate>
      </asp:DataList>
   </form>
</body>
</html>
```

以上代码在<SelectedItemTemplate>模板标签中定义了要显示的详细资料，在<SelectedItemTemplate>模板和<ItemTemplate>模板中分别定义了一个按钮，在 ItemCommand 事件中调用了 myList 方法。

浏览网页，单击第二条记录的“详细资料”链接可以看到如图 8–4 所示的页面。

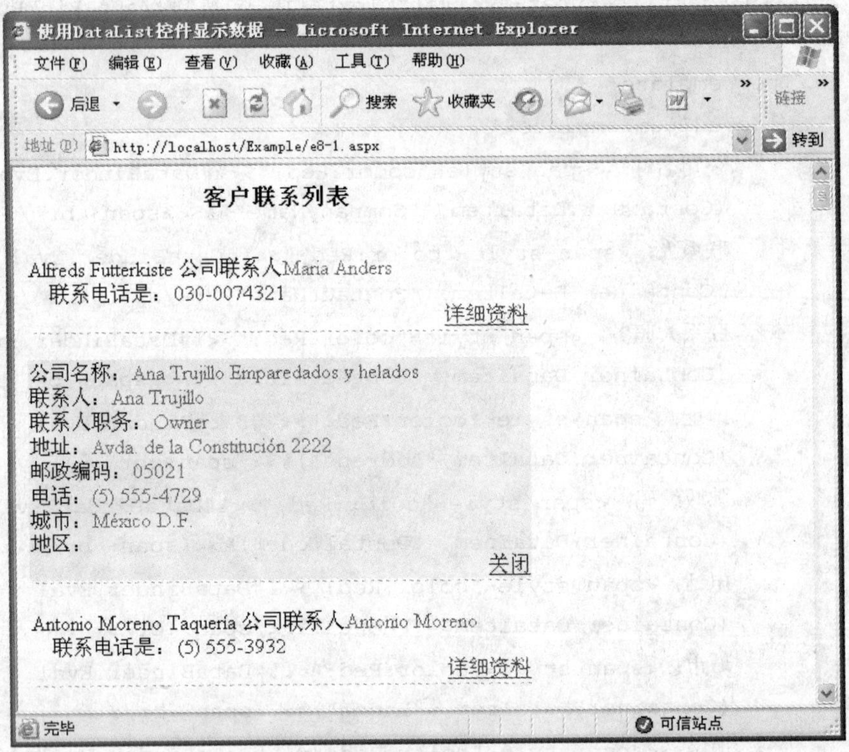

图 8–4　使用 DataList 控件显示数据

2. 使用 DataList 控件更新、删除数据库中表的数据

DataList 控件同样利用 OnEditCommand、OnCancelCommand、OnUpdateCommand、OnDeleteCommand，分别对应编辑、取消、更新、删除操作。DataKeyField="CustomerID"用于设置操作数据的主键。

参考代码如下：

```
<%@ Page Language="C#" %>
<%@ Import Namespace="System.Data" %>
```

```
<%@ Import Namespace="System.Data.SqlClient" %>
<script runat="server">
   void Page_Load(object Sender, EventArgs E)
   {
      SqlConnection conn = new SqlConnection();
      conn.ConnectionString = "data source=localhost;database=Northwind;user
      id=sa;password=";
      if (!(IsPostBack))
      {
         show_data();
      }
   }
   //编辑数据子程序
   void myEdit(object sender, DataListCommandEventArgs e)
   {
      table1.EditItemIndex = e.Item.ItemIndex;
      show_data();
   }
   //取消操作子程序
   void myCancel(object sender, DataListCommandEventArgs e)
   {
      table1.EditItemIndex = -1;
      show_data();
   }
   //更新数据子程序
   void myUpdate(object sender, DataListCommandEventArgs e)
   {
      SqlConnection conn = new SqlConnection();
      conn.ConnectionString = "data source=localhost;database=Northwind;user
      id=sa;password=";
      TextBox txt1,txt2,txt3,txt4,txt5,txt6,txt7,txt8;
      txt1 = (TextBox)e.Item.FindControl("update_name");
      txt2 = (TextBox)e.Item.FindControl("update_who");
      txt3 = (TextBox)e.Item.FindControl("update_what");
      txt4 = (TextBox)e.Item.FindControl("update_addr");
      txt5 = (TextBox)e.Item.FindControl("update_post");
      txt6 = (TextBox)e.Item.FindControl("update_tel");
      txt7 = (TextBox)e.Item.FindControl("update_city");
      txt8 = (TextBox)e.Item.FindControl("update_area");
```

```
    string strSql;
    strSql = "update Customers set CompanyName='" + txt1.Text +
    "',ContactName='" + txt2.Text + "',ContactTitle='" + txt3.Text +
    "',Address='" + txt4.Text + "',City='" + txt5.Text + "',Region='" +
    txt6.Text + "',PostalCode='" + txt7.Text + "' where CustomerID='" +
    table1.DataKeys[System.Convert.ToInt32(e.Item.ItemIndex)]+"'";
    SqlCommand cmd = new SqlCommand(strSql, conn);
    conn.Open();
    cmd.ExecuteNonQuery();
    conn.Close();
    table1.EditItemIndex = -1;
    show_data();
}
//删除数据子程序
void myDelete(object sender, DataListCommandEventArgs e)
{
    SqlConnection conn = new SqlConnection();
    conn.ConnectionString = "data source=localhost;database=Northwind;user
    id=sa;password=";
    string strSql;
    strSql = "delete from Customers " + "where CustomerID='" +
    table1.DataKeys[System.Convert.ToInt32(e.Item.ItemIndex)]+"'";
    SqlCommand comm = new SqlCommand(strSql, conn);
    Exception Exp;
    conn.Open();
    comm.ExecuteNonQuery();
    conn.Close();
    table1.EditItemIndex = -1;
    show_data();
}
//显示数据子程序
void show_data()
{
    SqlConnection conn = new SqlConnection();
    conn.ConnectionString = "data source=localhost;database=Northwind;user
    id=sa;password=";
    conn.Open();
    string sql;
    sql = "select * from Customers";
```

```
        SqlDataAdapter da = new SqlDataAdapter(sql, conn);
        DataSet ds = new DataSet();
        da.Fill(ds, "mytable");
        table1.DataSource = ds.Tables["mytable"].DefaultView;
        table1.DataBind();
        conn.Close();
    }
</script>
<head id="Head2" runat="server">
    <title>使用 DataList 控件编辑、更新、删除数据</title>
</head>
<body>
    <form id="form1" runat="server">
        <asp:DataList ID="table1" runat="server" Font-Size="12px"  width="100%"
        RepeatDirection="Horizontal" RepeatColumns="4" EditItemStyle-BackColor=
        LightCyan OnEditCommand="myEdit" OnUpdateCommand="myUpdate" OnCancelCommand=
        "myCancel" OnDeleteCommand="myDelete"  DataKeyField="CustomerID">
            <HeaderTemplate>
                <div style="width:100%;text-align:center; margin-bottom:12px;">
                <h3>供应商联系列表</h3></div>
            </HeaderTemplate>
            <ItemTemplate>
                <b><%# ((DataRowView)Container.DataItem)["CompanyName"] %></b>
                <br>联系人：<%# ((DataRowView)Container.DataItem)
                ["ContactName"]%>
                <br>联系人职务：<%#((DataRowView)Container.DataItem)
                ["ContactTitle"] %>
                <br>地址：<%# ((DataRowView)Container.DataItem)["Address"] %>
                <br>邮政编码：<%#((DataRowView)Container.DataItem)
                ["PostalCode"]%>
                <br>电话：<%# ((DataRowView)Container.DataItem)["Phone"] %>
                <br>城市：<%# ((DataRowView)Container.DataItem)["City"] %>
                <br>地区：<%# ((DataRowView)Container.DataItem)["Region"] %>
                <br><br>
                <asp:LinkButton id="button1" Text="编辑" CommandName="edit"
                runat="server"/>  
                <asp:LinkButton id="button2"  Text="删除" CommandName="Delete"
                runat="server"/><br><br>
```

```
        </ItemTemplate>
        <EditItemTemplate>
            <br>公司名称：<asp:TextBox id="update_name"
            Text='<%#((DataRowView)Container.DataItem)["CompanyName"] %>'
            runat="server"/>
            <br>联系人：<asp:TextBox id="update_who" Text='<%#
            ((DataRowView)Container.DataItem)["ContactName"] %>' runat=
            "server"/>
            <br>联系人职务：<asp:TextBox id="update_what" Text='<%#
            ((DataRowView)Container.DataItem)["ContactTitle"] %>' runat=
            "server"/>
            <br>地址：<asp:TextBox id="update_addr" Text='<%#
            ((DataRowView)Container.DataItem)["Address"] %>' runat=
            "server"/>

            <br> 邮政编码：<asp:TextBox id="update_post" Text='<%#
            ((DataRowView)Container.DataItem)["PostalCode"] %>' runat=
            "server"/>
            <br>电话：<asp:TextBox id="update_tel" Text='<%#
            ((DataRowView)Container.DataItem)["Phone"] %>' runat="server"/>
            <br>城市：<asp:TextBox id="update_city" Text='<%#
            ((DataRowView)Container.DataItem)["City"] %>' runat="server"/>
            <br>地区：<asp:TextBox id="update_area" Text='<%#
            ((DataRowView)Container.DataItem)["Region"] %>' runat="server"/>
            <br><br>
            <asp:LinkButton id="button3" runat="server" Text="更新" CommandName=
            "update" />  
            <asp:LinkButton id="button4" runat="server" Text="取消" CommandName=
            "cancel" /><br><br>
          </EditItemTemplate>
        </asp:DataList>
    </form>
</body>
</html>
```

同样要完成删除表 Customers 记录的操作，需将表 Customers 与其他表的关系删除，浏览网页，单击第二条记录的“编辑”链接，可以看到如图 8-5 所示的页面。

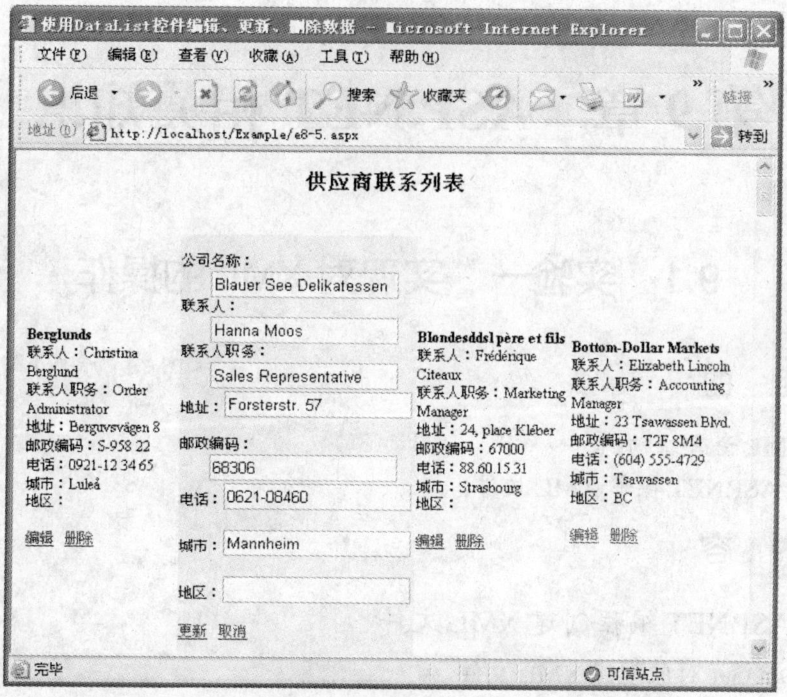

图 8–5　使用 DataList 控件编辑、更新、删除数据

8.6　思考与练习

1. 在 SQL Server 2000 的查询分析器中通过 SQL 语句实现对 Northwind 数据库中 Products 表的增、删、改、查操作，并对 UnitsInStock 求和，对 UnitPrice 求平均值。

2. 通过 DataGrid 的更新、删除列实现对 Northwind 数据库中 Products 表的修改、删除操作，并能通过添加链接列实现对每条记录详细信息的查看。

3. 用 Repeater 控件显示 Northwind 数据库中 Products 表中的数据，并控制其显示格式，如实验四。

4. 通过 DataList 控件显示数据库 Northwind 中 Products 表中的数据，实现如实验五中的详细信息、删除链接功能。

第9章　ASP.NET 相关知识

9.1　实验一　实现对 XML 的操作

实验目的

1. 了解 XML 语言结构。
2. 会利用 ASP.NET 操作 XML 文件。

实验内容

1. 利用 ASP.NET 编程创建 XML 文件

1）使用 DataSet 对象创建 XML 文件

参考代码如下：

```
<%@ Import Namespace="System.Data" %>
<%@ Import Namespace="System.Data.SqlClient" %>
<%@ Page Language="C#" %>
<script runat="server">
    void Page_Load(object Sender, EventArgs E)
    {
        DataSet ds=new DataSet();
            SqlConnection conn = new SqlConnection();
            conn.ConnectionString = "data source=localhost;database=Northwind;
            user id=sa;password=";
            SqlDataAdapter da=new SqlDataAdapter("select top 5 CompanyName,
            Phone from Customers",conn);
            da.Fill(ds,"Customers");
            //将 DataSet 对象写入 XML 文件中
            ds.WriteXml(Server.MapPath("myxml.xml"),
XmlWriteMode.WriteSchema);
    }
</script><head id="Head1" runat="server">
    <title>使用 DataSet 对象创建 XML 文件</title>
</head>
```

```
<body>
   <form id="form1" runat="server">
   </form>
</body>
</html>
```

在以上代码中，DataSet 利用 WriteXml 方法将从数据中加载的数据写入 my.xml 文件中，其中“da.Fill(ds,"Customers")”语句中的表别名 Customers 用来生成 XML 文件中 elementname 的值，创建 XML 文件时，如果创建目录下存在 my.xml 文件将被覆盖。

打开创建完毕的 myxml.xml 文件，如图 9–1 所示。

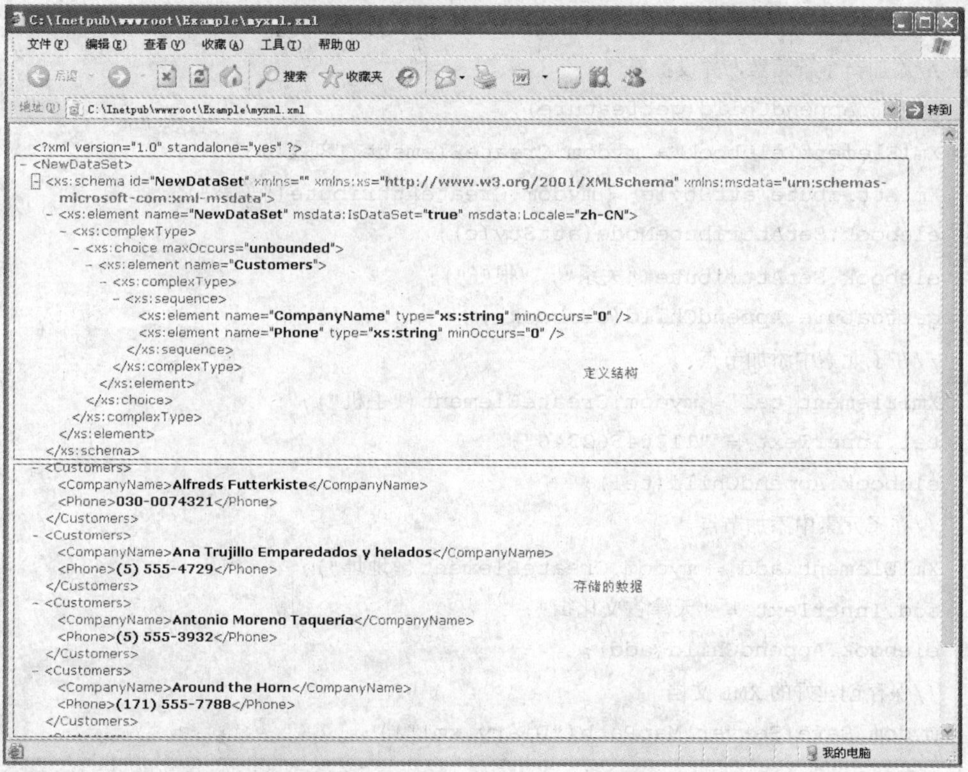

图 9–1　myxml.xml 文件显示结果

2）使用 XmlDocument 对象创建 XML 文件

参考代码如下：

```
<%@ Import Namespace="System.Xml" %>
<%@ Page Language="C#" %>
<script runat="server">
   void Page_Load(object Sender, EventArgs E)
   {
      //定义对象实例和变量
```

```
        XmlDocument mydom = new XmlDocument();
        XmlElement getfeature;
        XmlDeclaration newDec;
        //加入 XML 的声明段落
        <?xml version="1.0" encoding="gb2312"?>
        newDec = mydom.CreateXmlDeclaration("1.0", "gb2312", null);
        mydom.AppendChild(newDec);
        //添加一个根元素，并设置属性
        getfeature = mydom.CreateElement("备忘录");
        getfeature.SetAttribute("version", "1.0");
        getfeature.SetAttribute("日期", "09 年 1 月 1 日");
        //添加一个子元素，并设置属性
        mydom.AppendChild(getfeature);
        XmlElement elebook = mydom.CreateElement("刘飞");
        XmlAttribute attStyle = mydom.CreateAttribute("关系");
        elebook.SetAttributeNode(attStyle);
        elebook.SetAttribute("关系", "很好");
        getfeature.AppendChild(elebook);
        //在子元素中添加节点
        XmlElement tel = mydom.CreateElement("手机");
        tel.InnerText = "11304562346";
        elebook.AppendChild(tel);
        //在子元素中添加节点
        XmlElement add = mydom.CreateElement("地址");
        add.InnerText = "天津古文化街";
        elebook.AppendChild(add);
        //保存创建好的 XML 文档
        mydom.Save(Server.MapPath("Diary.xml"));
    }
</script>
<head id="Head1" runat="server">
    <title>使用 XmlDocument 对象创建 XML 文件</title>
</head>
<body>
    <form id="form1" runat="server">
    </form>
</body>
</html>
```

在以上代码中，使用 XmlDocument 对象创建 XML 文件。使用 XmlDocument 对象可以直接操作 XML 文件，使用起来比较方便，但是在性能方面与 XmlTextWirter 相比就差一些。可以自己打开应用程序根目录下的 Diary.xml 文件查看结果。

3）使用 XmlTextWriter 对象创建 XML 文件

参考代码如下：

```
<%@ Import Namespace="System.Xml" %>
<%@ Import Namespace="System.Text" %>
<%@ Page Language="C#" %>
<script runat="server">
  void Page_Load(object Sender, EventArgs E)
  {
     //定义对象实例
     XmlTextWriter writer = new XmlTextWriter(Server.MapPath("Friend.xml"),
     Encoding.UTF8);
     //定义 XML 文档并设置它的编码类型
     writer.WriteStartDocument();
     //创建根元素
     writer.WriteStartElement("我的好友");
     //添加嵌套元素
     writer.WriteStartElement("刘飞");
     //添加节点信息
     writer.WriteElementString("手机","11309875678");
     writer.WriteElementString("地址", "天津体育场中街 20003 号");
     writer.WriteElementString("邮编","375004");
     //结束嵌套元素
     writer.WriteEndElement();
     //添加嵌套元素
     writer.WriteStartElement("刘菲");
     //设置嵌套元素属性
     writer.WriteAttributeString("手机", "11365558787");
     //添加节点信息
     writer.WriteElementString("地址", "南门外大街 34095 号");
     writer.WriteElementString("邮编", "300512");
     //结束嵌套元素
     writer.WriteEndElement();
     //结束根元素
     writer.WriteEndElement();
     //结束 XML 文档
```

```
        writer.WriteEndDocument();
        //关闭文本流
        writer.Close();
    }
</script>
<head id="Head1" runat="server">
    <title>使用 XmlTextWriter 对象创建 XML 文件</title>
</head>
<body>
    <form id="form1" runat="server">
    </form>
</body>
</html>
```

使用 XmlTextWriter 对象创建 XML 文件性能好，但是不太方便。其中“XmlTextWriter writer = new XmlTextWriter(Server.MapPath("Friend.xml"),Encoding.UTF8);”语句中的“Encoding.UTF8”是编码类型，表示将以哪种流文件形式输出 XML 文件，包括 System.Encoding.UTF8、System.Encoding.ASCII 和 System.Encoding.Unicode。

2. 利用 ASP.NET 编程读取 XML 文件

1）使用 XML 控件读取 XML 文件

XML 控件是一个 Web 服务器控件，通过设置控件的 DocumentSource 属性可以快速读取指定的 XML 文件。

参考代码如下：

```
<head id="Head1" runat="server">
    <title>使用控件读取 XML 文件</title>
</head>
<body>
    <form id="form1" runat="server">
        <h3>使用控件读取 XML 文件</h3>
        <asp:Xml id="myxml" DocumentSource="~/myxml.xml"  runat="server">
        </asp:Xml>
    </form>
</body>
</html>
```

浏览网页，可以看到如图 9-2 所示的页面。

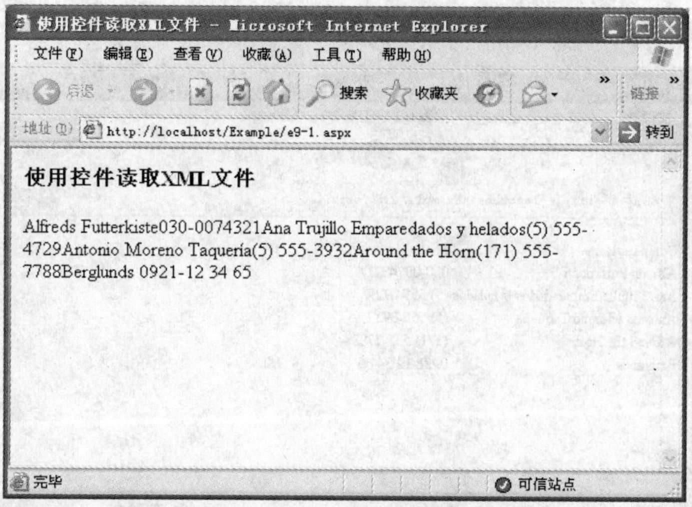

图 9–2　使用 XML 控件读取 XML 文件的结果

2）使用 DataSet 对象读取 XML 文件

参考代码如下：

```
<%@ Import Namespace="System.Data" %>
<%@ Page Language="C#" %>
<script runat="server">
   void Page_Load(object Sender, EventArgs E)
   {
      DataSet ds = new DataSet();
      ds.ReadXml(Server.MapPath("myxml.xml"));
      dg.DataSource = ds.Tables["Customers"].DefaultView;
      dg.DataBind();
   }
</script>
<head id="Head1" runat="server">
   <title>使用 DataSet 对象读取 XML 文件</title>
</head>
<body>
   <form id="form1" runat="server">
      <asp:DataGrid id="dg" runat="server" Font-Size="12px" />
   </form>
</body>
</html>
```

其中，“dg.DataSource = ds.Tables["Customers"].DefaultView;”中的 Customers 是文件 myxml.xml 中“<xs:element name="Customers">”的 name 值。

浏览网页，可以看到如图 9–3 所示的页面。

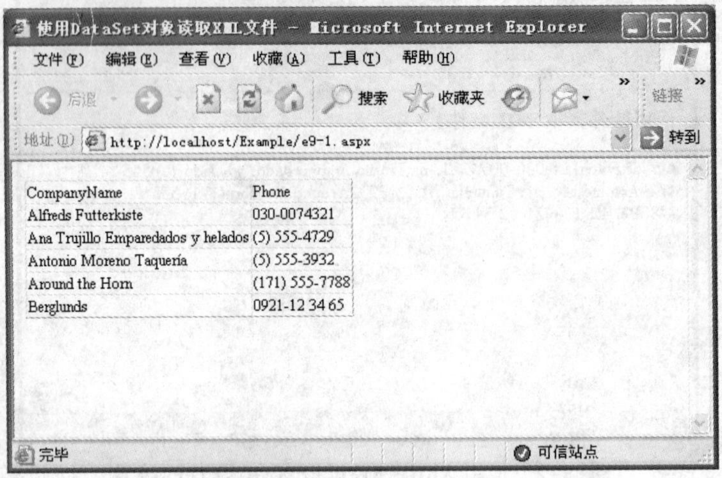

图 9–3 使用 DataSet 对象读取 XML 文件的结果

3）使用 XmlDocument 对象读取 XML 文件

使用 XmlDocument 对象读取 XML 文件比较简单，只需要定义一个 XmlDocument 对象实例，然后载入 XML 文件，并把数据绑定到 XML 控件上即可。

参考代码如下：

```
<%@ Import Namespace="System.Xml" %>
<%@ Page Language="C#" %>
<script runat="server">
   void Page_Load(object Sender, EventArgs E)
   {
      XmlDocument doc = new XmlDocument();
      doc.Load(Server.MapPath("myxml.xml"));
      xml1.Document = doc;
   }
</script>
<head id="Head1" runat="server">
   <title>使用 XmlDocument 对象读取 XML 文件</title>
</head>
<body>
   <form id="form1" runat="server">
      <asp:Xml id="xml1"  runat="server" />
   </form>
</body>
</html>
```

4）使用 XmlTextReader 对象读取 XML 文件

使用 XmlTextReader 对象读取 XML 文件有些麻烦，需要逐条读取每个元素和值，一般使用循环语句来快速读取。不过使用 XmlTextReader 对象可以自定义数据显示样式。

参考代码如下：

```
<%@ Import Namespace="System.Xml" %>
<%@ Page Language="C#" %>
<script runat="server">
  void Page_Load(object Sender, EventArgs E)
  {
     XmlTextReader readXML=new XmlTextReader(Server.MapPath("myxml.xml"));
     string strXML="";
     XmlNodeType typeNode;
     while(readXML.Read())
     {
        typeNode =readXML.NodeType;
        switch (typeNode) {
           case XmlNodeType.XmlDeclaration:                //读取 XML 文件头
              strXML+="XML Declaration:<b>"+readXML.Name+""+
              readXML.Value+"</b><br/>";
              break;
           case XmlNodeType.Element:                      //读取标签
              if (readXML.Name == "mytable")
              {
                 strXML += "<hr>";
              }
              strXML+="Element:<b>"+readXML.Name+"</b><br/>";
              break;
           case XmlNodeType.Text:                         //读取值
              strXML+=" -Value:<b>"+readXML.Value+"</b><br/>";
              break;
        }
        //判断该节点是否有属性
        if(readXML.AttributeCount > 0)                    //用循环语句判断所有节点
        {
           while(readXML.MoveToNextAttribute())      //读取标签和值
           {
              strXML+=" -Attribute:<b>"+readXML.Name+
              "</b> value:<b>"+readXML.Value+"</b><br/>";
```

```
            }
        }
        message.Text=strXML;
    }
  }
</script>
 <head id="Head1" runat="server">
   <title>使用 XmlTextReader 对象读取 XML 文件</title>
</head>
<body>
   <form id="form1" runat="server">
      <asp:label id="message"  runat="server" />
   </form>
</body>
</html>
```

注意导入 System.Xml 命名空间。其中 XmlTextReader 对象的 Read 方法是读取 XML 文档最基本的方法，它以文本流形式读取 XML 文档中的每个节点，并移动到下一个，当读到结尾时返回 false，结束循环。

浏览网页，可以看到如图 9–4 所示的页面。

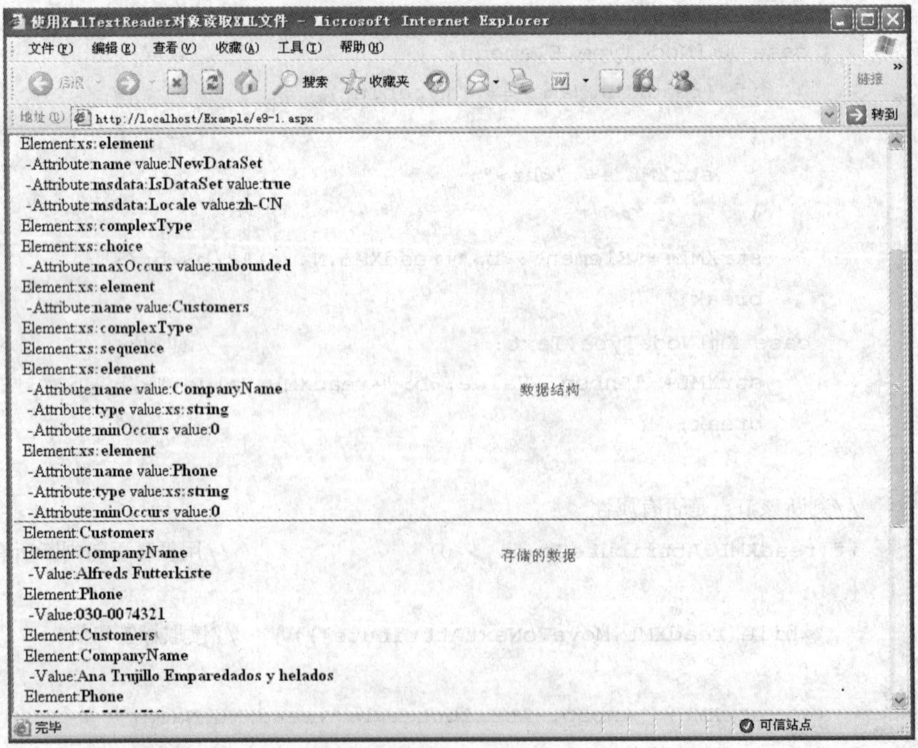

图 9–4 使用 XmlTextReader 对象读取 XML 文件的结果

9.2　实验二　编写简单的 WebService 应用

实 验 目 的

1. 了解 WebService 技术的基本原理。
2. 能够通过 WebService 技术实现两个 Web 应用程序之间的数据交流。

实 验 内 容

1. 编写一个简单的 WebService 程序

编写计算输入日期为星期几的 WebService 程序，通过 Visual Studio 提供的调用测试验证编写是否成功。

新建 WebService 项目，具体步骤可以参考北京理工大学出版社所出版的《ASP.NET 实用教程》中 9.2.2 节内容操作。添加文件 WhatWeek.asmx，WhatWeek.asmx.cs 代码如下：

```
using System;
using System.Collections;
using System.ComponentModel;
using System.Data;
using System.Diagnostics;
using System.Web;
using System.Web.Services;

namespace WebServiceTest
{
    /// <summary>
    /// WhatWeek 的摘要说明
    /// </summary>
    public class WhatWeek : System.Web.Services.WebService
    {
        public WhatWeek()
        {
            //CODEGEN：该调用是 ASP.NET Web 服务设计器所必需的
            InitializeComponent();
        }
        #region 组件设计器生成的代码

            //Web 服务设计器所必需的
```

```
        private IContainer components = null;

        /// <summary>
        /// 设计器支持所需的方法
        /// 不要使用代码编辑器修改此方法的内容
        /// </summary>
        private void InitializeComponent()
        {
        }


        /// <summary>
        /// 清理所有正在使用的资源
        /// </summary>
        protected override void Dispose( bool disposing )
        {
            if(disposing && components != null)
            {
                components.Dispose();
            }
            base.Dispose(disposing);
        }

        #endregion

        [WebMethod(Description = "请输入日期告诉你星期几")]
        public string Week(string input)
        {
            string str="日期"+input+"为: ";
            return Convert.ToDateTime(input).DayOfWeek.ToString();
        }
    }
}
```

浏览网页，可以看到如图 9–5 所示的页面。

单击 Week 方法，打开如图 9–6 所示的页面，输入相应日期，单击“调用”按钮，显示如图 9-7 所示的结果页面。

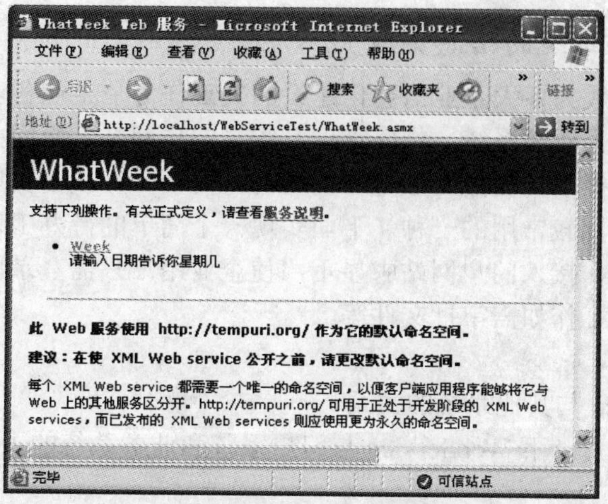

图 9–5　WhatWeek Web 服务页面

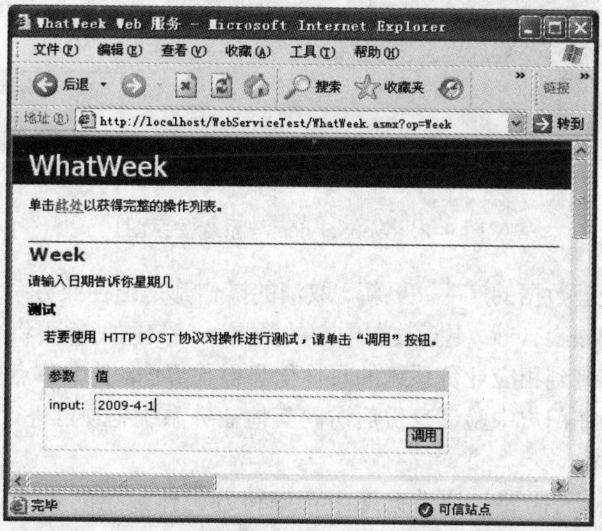

图 9–6　WhatWeek 服务调用页面

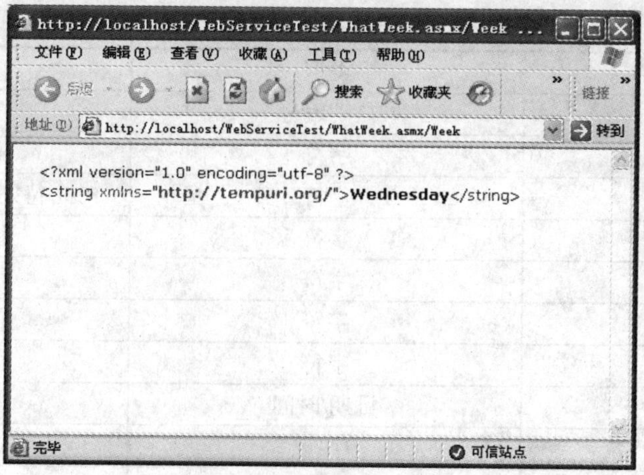

图 9–7　WhatWeek 服务调用结果页面

2. 简单实现两个系统的信息集成

现在应用系统集成成为各大企业信息化建设的关键任务，企业各业务部门有自己的应用系统，如财务系统、人力资源系统、物资管理系统、门户网站、协同办公系统等，各系统内业务功能完善，但在数据横向交流上不是特别通畅，需要一种技术实现各信息系统的信息交流，WebService 是其中比较常用的一种。下面实现一个简单的待办工作集成的 WebService，将业务系统中的待办工作接入门户网站中显示，使企业用户只需登录门户系统即可办理业务系统的待办工作，待办工作如需审批文件等。

具体操作步骤如下。

1）了解 WebService 与其他系统的关系

为了便于理解，先看一下 WebService 与门户系统和业务系统的关系，其关系图如图 9–8 所示。

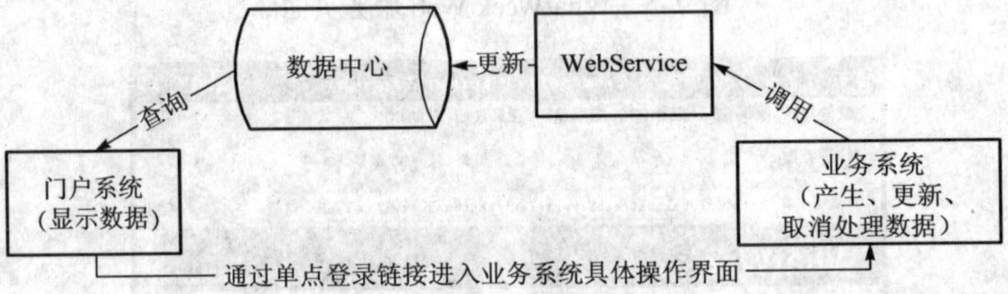

图 9–8 WebService 与系统关系图

在图 9–8 中，待处理数据的产生、更新、取消的操作都是由各业务系统触发的，在业务系统内容修改的同时调用 WebService 更新数据中心的数据，门户网站负责将数据显示到用户面前，用户操作待办工作会链接到相应业务系统的具体信息操作界面。其中单点登录也是集成的重要内容，可以简单地理解为在门户中验证身份后访问其他业务系统无须再进行身份验证操作。

2）操作数据表结构

在编写 WebService 时需要知道数据库中存储待办工作数据的表结构，简单表结构一般如表 9.1 所示。

表 9.1 简单待办工作表结构说明

字段	类型	说明
id	自动编号	自动编号
Application_id	字符	业务系统编号
Task_id	字符	待办工作的唯一标识
Task_name	字符	待办任务名称
Task_type	字符	待办任务类型
Task_content	字符	待办任务内容
Task_sender	字符	发起人
Task _senddate	日期/时间	发起人时间
Task_ receiver	字符	接收人
Task_state	字符	任务状态

3）编写 WebService 项目

新建 WebService 项目，具体步骤可以参考北京理工大学出版社出版的《ASP.NET 实用教程》中 9.2.2 节内容操作。由前面的分析了解到，需要实现产生、结束、取消待办任务 3 种功能，将其分别命名为 TaskAdd、TaskUpdate、TaskCancel。

WebService 的结构框架如图 9–9 所示。

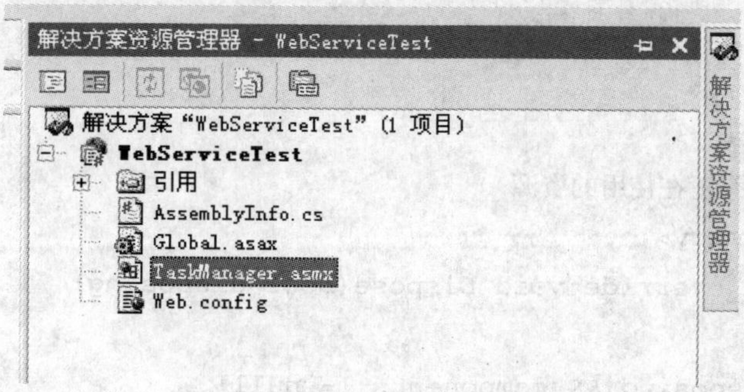

图 9–9 WebService 的结构框架图

其 TaskManager.asmx 代码如下：

```
using System;
using System.Collections;
using System.ComponentModel;
using System.Data;
using System.Data.SqlClient;
using System.Diagnostics;
using System.Web;
using System.Web.Services;
namespace WebServiceTest
{
    /// <summary>
    /// TaskManager 的摘要说明
    /// </summary>
    public class TaskManager : System.Web.Services.WebService
    {
        public TaskManager()
        {
            //CODEGEN: 该调用是 ASP.NET Web 服务设计器所必需的
            InitializeComponent();
        }
        #region 组件设计器生成的代码
        //Web 服务设计器所必需的
        private IContainer components = null;
```

```
/// <summary>
/// 设计器支持所需的方法
/// 不要使用代码编辑器修改此方法的内容
/// </summary>
private void InitializeComponent()
{
}
/// <summary>
/// 清理所有正在使用的资源
/// </summary>
protected override void Dispose(bool disposing)
{
    if(disposing && components != null)
    {
        components.Dispose();
    }
    base.Dispose(disposing);
}
#endregion
[WebMethod(Description = "向数据中心写入待办工作数据")]
public string TaskAdd(string Task_id ,string Application_id,string
Task_name,string Task_type,string Task_content,string
Task_sender,string Task_senddate,string Task_receiver,string
Task_state)
{
    string str="1";
    try
    {
        string SQL;
        SqlConnection conn = new SqlConnection();
        conn.ConnectionString = "data source=localhost;database=
        Northwind;user id=sa;password=";
        //添加待办工作
        SQL="insert into
        task(Task_id,Application_id,Task_name,Task_type,Task_content,
        Task_sender,Task_senddate," +"Task_receiver,Task_state)values
        ('"+Task_id+"','"+Application_id+"','"+Task_name+"','"+
        Task_type+"','"+Task_content+"','"+Task_sender+"','"+
            Task_senddate+
```

```
                "','"+Task_receiver+"','"+Task_state+"')";
            SqlCommand comm=new SqlCommand(SQL,conn);
            comm.ExecuteNonQuery();
        }
        catch
        {
            str="0";
        }
        return str;
    }
    [WebMethod(Description = "更新完成待办工作数据状态")]
    public string TaskUpdate(string Task_id)
    {
        string str="1";
        try
        {
            string SQL;
            SqlConnection conn = new SqlConnection();
            conn.ConnectionString = "data source=localhost;database=
            Northwind;user id=sa;password=";
            //Task_state='1'表示待办工作完成
            SQL="update task set Task_state='1' where Task_id="+Task_id;
            SqlCommand comm=new SqlCommand(SQL,conn);
            comm.ExecuteNonQuery();
        }
        catch
        {
            str="0";
        }
        return str;
    }
    [WebMethod(Description = "取消待办工作数据")]
    public string TaskCancel(string Task_id)
    {
        string str="1";
        try
        {
            string SQL;
            SqlConnection conn = new SqlConnection();
```

```
            conn.ConnectionString = "data source=localhost;database=
            Northwind;user id=sa;password=";
            //Task_state='2'表示待办工作被取消
            SQL="update task set Task_state='2' where Task_id="+Task_id;
            SqlCommand comm=new SqlCommand(SQL,conn);
            comm.ExecuteNonQuery();
        }
        catch
        {
            str="0";
        }
        return str;
    }
  }
}
```

运行程序,可以看到如图 9–10 所示的页面。

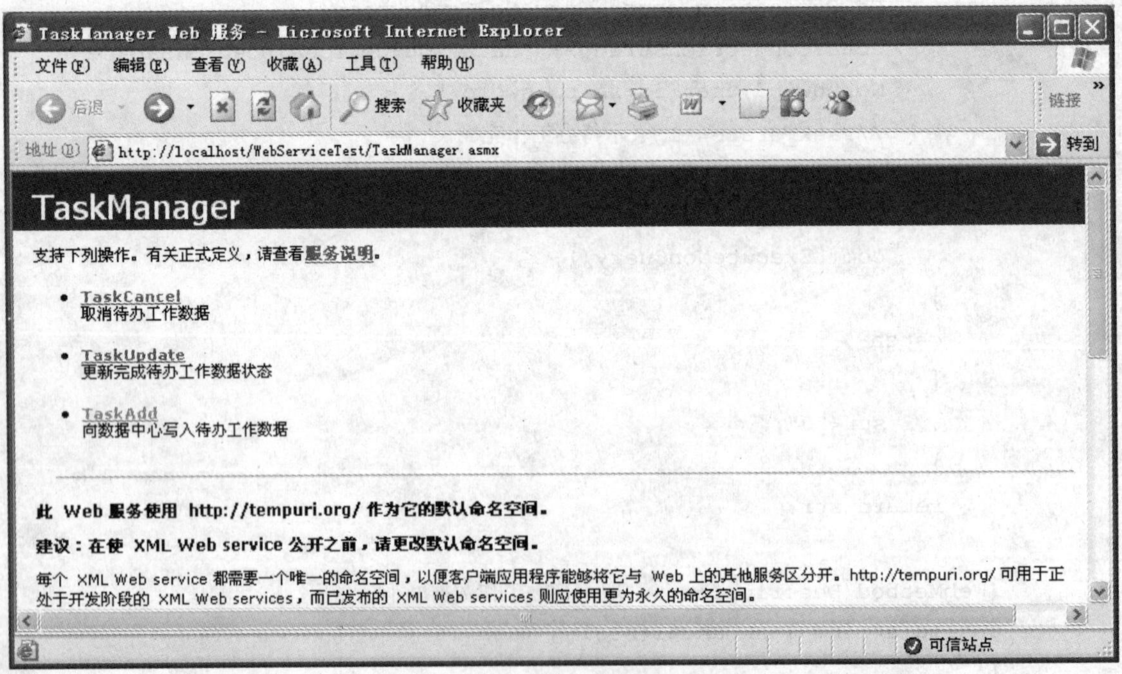

图 9–10 TaskManager 服务页面

单击 TaskAdd 方法，输入相应参数数据，如图 9–11 所示，单击“调用”按钮，可以看到如图 9–12 所示的页面。

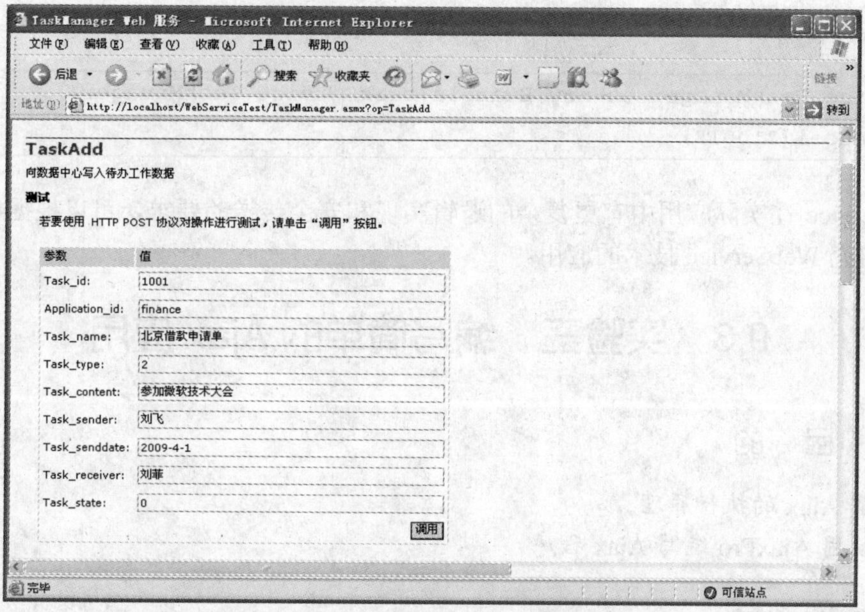

图 9–11　TaskManager 服务调用页面

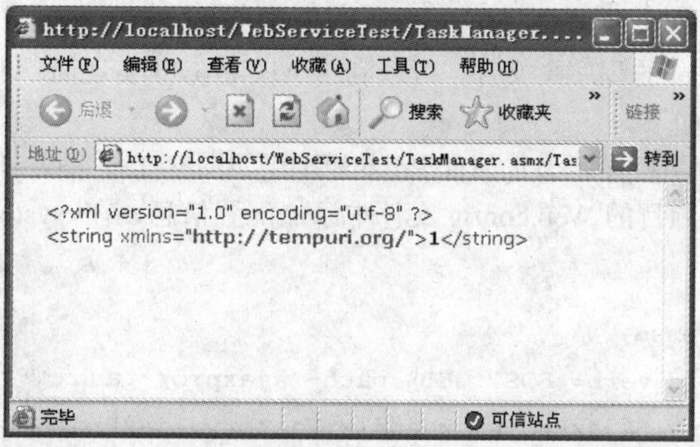

图 9–12　TaskManager 服务调用结果页面

4）在业务系统中调用 WebService

在应用程序中引用 WebService 参考北京理工大学出版社所出版的《ASP.NET 实用教程》中 9.2.2 节内容操作，引用名称为 taskService，下面来看下调用服务的部分代码。

在数据中心中添加待办任务：

```
taskService.TaskManager ts=new Example.taskService.TaskManager();
ts.TaskAdd("1001","finance","北京出差借款单","2","参加微软技术大会","刘飞
","2009-4-1","刘菲","0");
```

完成待办任务：

```
taskService.TaskManager ts=new Example.taskService.TaskManager();
ts.TaskUpdate("1001");
```

取消待办任务：

```
taskService.TaskManager ts=new Example.taskService.TaskManager();
ts.TaskCancel("1001");
```

WebService 在实际应用中有更复杂的逻辑实现和安全传送的要求，可以根据以上基础知识进一步研究 WebService 技术的应用。

9.3 实验三 编写简单的 Ajax 应用

实 验 目 的

1. 了解 Ajax 的执行原理。
2. 会使用 AjaxPro 编写 Ajax 程序。

实 验 内 容

1. 实现简单的算术运算

AjaxPro.dll 是 Ajax 的程序集文件，可以利用 AjaxPro.dll 实现简单的加、减、乘、除算术运算功能，操作步骤如下。

（1）新建 Web 应用程序，添加 AjaxPro.dll 引用,如图 9–13、图 9–14、图 9–15 所示。使用 AjaxPro.dll 需要在项目的 Web.config 文件中添加配置信息，在<system.web>下面添加以下配置语句即可：

```
<httpHandlers>
        <add verb="POST,GET" path="ajaxpro/*.ashx"
        type="AjaxPro.AjaxHandlerFactory,AjaxPro"/>
</httpHandlers>
```

配置完成后，需要在前台调用的后台事件前添加［AjaxPro.AjaxMethod］代码，然后就可以通过 nameSpace.className.methodName 在前台直接访问后台的方法了。

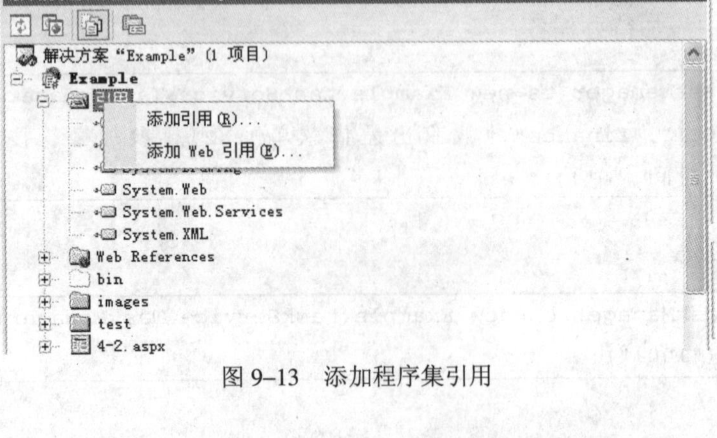

图 9–13 添加程序集引用

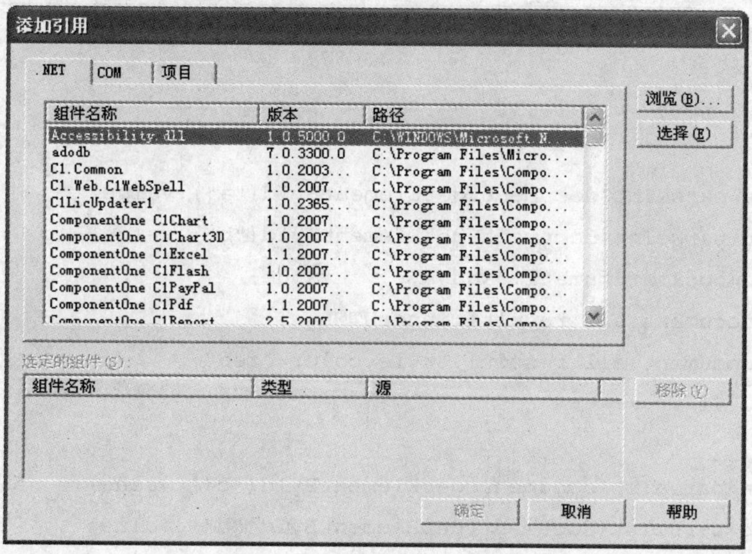

图 9–14 “添加引用”对话框

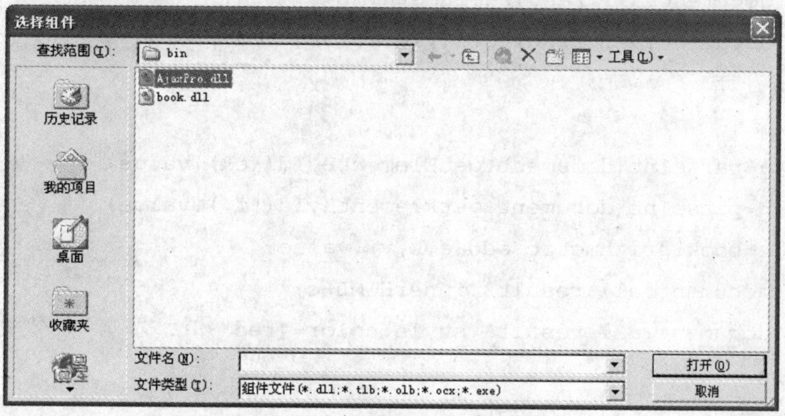

图 9–15 “选择组件”对话框

（2）编写代码。编写一个后台方法通过传递不同类型的运算符来计算结果。

参考代码如下：

```
arithmetic.aspx 代码
<%@ Page Language="C#" Codebehind="arithmetic.aspx.cs" AutoEventWireup="false"
Inherits="Example.arithmetic" %>
  <head id=Head1>
    <title>在 ASP.NET 中实现 Ajax</title>
    <script>
   function getresult(v)
   {
     var a;
     var b;
```

```
    var c;

    if ( v=='0' )
    {
        a=parseInt(document.getElementById("a").value)
        b=parseInt(document.getElementById("b").value)
        c=book.arithmetic.add(a,b,v).value;
        document.all.result1.innerHTML=c;
        document.all.result1.style.color="red";
     }else if  ( v=='1' )
     {
        a=parseInt(document.getElementById("c").value)
        b=parseInt(document.getElementById("d").value)
        c=book.arithmetic.add(a,b,v).value;
        document.all.result2.innerHTML=c;
        document.all.result2.style.color="red";
     }else if  ( v=='2' )
     {
        a=parseInt(document.getElementById("e").value)
        b=parseInt(document.getElementById("f").value)
        c=book.arithmetic.add(a,b,v).value;
        document.all.result3.innerHTML=c;
        document.all.result3.style.color="red";
     }else
     {
        a=parseInt(document.getElementById("g").value)
        b=parseInt(document.getElementById("h").value)
        c=book.arithmetic.add(a,b,v).value;
        document.all.result4.innerHTML=c;
        document.all.result4.style.color="red";
     }
  }
  </script>
</head>
<body>
  <form id="Form1" method="post" runat="server">
      <asp:TextBox id="a" runat="server" Width="70px"></asp:TextBox>
      +
      <asp:TextBox id="b" runat="server" Width="70px"></asp:TextBox>
```

```
        <input type="button" value=" = " onclick="getresult('0')">
        <asp:Label id="result1" runat="server"></asp:Label>
        <br>
        <asp:TextBox id="c" runat="server" Width="70px"></asp:TextBox>
        -
        <asp:TextBox id="d" runat="server" Width="70px"></asp:TextBox>
        <input type="button" value=" = " onclick="getresult('1')">
        <asp:Label id="result2" runat="server"></asp:Label>
        <br>
        <asp:TextBox id="e" runat="server" Width="70px"></asp:TextBox>
        *
        <asp:TextBox id="f" runat="server" Width="70px"></asp:TextBox>
        <input type="button" value=" = " onclick="getresult('2')">
        <asp:Label id="result3" runat="server"></asp:Label>
        <br>
        <asp:TextBox id="g" runat="server" Width="70px"></asp:TextBox>
        ÷
        <asp:TextBox id="h" runat="server" Width="70px"></asp:TextBox>
        <input type="button" value=" = " onclick="getresult('3')">
        <asp:Label id="result4" runat="server"></asp:Label>
    </form>
</body>
arithmetic.aspx.cs 代码:
using System;
using System.Collections;
using System.ComponentModel;
using System.Data;
using System.Drawing;
using System.Web;
using System.Web.SessionState;
using System.Web.UI;
using System.Web.UI.WebControls;
using System.Web.UI.HtmlControls;

namespace book
{
    /// <summary>
    /// arithmetic 的摘要说明
    /// </summary>
```

```
public class arithmetic : System.Web.UI.Page
{
    protected System.Web.UI.WebControls.TextBox a;
    protected System.Web.UI.WebControls.Label result1;
    protected System.Web.UI.WebControls.TextBox c;
    protected System.Web.UI.WebControls.TextBox d;
    protected System.Web.UI.WebControls.Label result2;
    protected System.Web.UI.WebControls.TextBox e;
    protected System.Web.UI.WebControls.TextBox f;
    protected System.Web.UI.WebControls.Label result3;
    protected System.Web.UI.WebControls.TextBox g;
    protected System.Web.UI.WebControls.TextBox h;
    protected System.Web.UI.WebControls.Label result4;
    protected System.Web.UI.WebControls.TextBox b;

    private void Page_Load(object sender, System.EventArgs e)
    {
        // 在此处放置用户代码以初始化页面
         AjaxPro.Utility.RegisterTypeForAjax(typeof(arithmetic));
    }

    [AjaxPro.AjaxMethod]
    public float add(int a, int b,string v)
    {
        if ( v=="0" )
            return a + b;
        else if ( v=="1" )
            return a - b;
        else if ( v=="2" )
            return a * b;
        else
            return a / b;
    }

    #region Web 窗体设计器生成的代码
    override protected void OnInit(EventArgs e)
    {
        //
        // CODEGEN: 该调用是 ASP.NET Web 窗体设计器所必需的
```

```
        //
        InitializeComponent();
        base.OnInit(e);
    }

    /// <summary>
    /// 设计器支持所需的方法
    /// 不要使用代码编辑器修改此方法的内容
    /// </summary>
    private void InitializeComponent()
    {
        this.Load += new System.EventHandler(this.Page_Load);

    }
    #endregion
  }
}
```

在以上程序中，AjaxPro.dll 是如何发挥作用的？首先在页面的 Page_Load 事件中添加了 AjaxPro.Utility.RegisterTypeForAjax(typeof(arithmetic))，然后在需要前台调用的后台事件前添加了 [AjaxPro.AjaxMethod]，此时就可以通过 nameSpace.className.methodName 在前台直接访问后台的方法了，如 book.arithmetic.add(a,b,v).value。

浏览网页，输入数据进行测试，结果如图 9–16 所示。

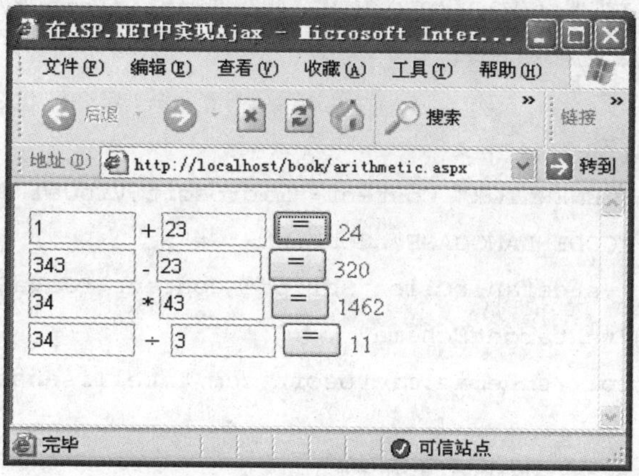

图 9–16　应用 Ajax 实现的结果页面

2. 实现对数据库中表数据的联动查询

利用 AjaxPro.dll 实现对数据库中表数据的联动查询，如合同类别分为大类别技术类、资产类等，每个大类别下又分为若干小类别，在选择大类别时，会显示相应的小类别，操作步骤如下。

（1）新建 Web 应用程序，添加 AjaxPro.dll 引用，并在项目的 Web.config 中添加配置信息，具体操作如前面所述。

（2）设计并创建数据表。要求除了有合同大类别外，每个小类别都隶属于一个大类别，如果把大类别同样看做隶属于一个更大的分类，就找到了它们的共同点，无论大小类别都有两个属性：名称、隶属类别。为数据表设置 3 个字段，主键 id、类别名称 name、隶属类别标识 parentId，创建数据表 conttype 的 SQL 语句如下：

```
create table [conttype] (
    [id] [int] not null,
    [name] [varchar] (100) collate Chinese_PRC_CI_AS null,
    [parentId] [int] null
) on [primary]
go
```

（3）进行程序设计。首先在界面上添加一个显示大类别的下拉列表框，再添加一个显示小类别的 HTML 标记，如 div，因为如果用 ASP.NET 的 Web 服务器控件显示数据会刷新页面，使 AjaxPro 无法正常执行。

（4）编写代码。编写两个方法，一个是加载大类别数据的 dataLoad，一个是查询返回小类别字符串的 dataShow。

参考代码如下：

```
conttype.aspx 代码
<%@ Page Language="C#" Codebehind="conttype.aspx.cs" AutoEventWireup="false"
Inherits="book.conttype" %>
<!DOCTYPE HTML PUBLIC "-//W3C//DTD HTML 4.0 Transitional//EN" >
<html>
  <head>
      <title>联动查询</title>
      <meta name="GENERATOR" Content="Microsoft Visual Studio .NET 7.1">
      <meta name="CODE_LANGUAGE" Content="C#">
      <meta name="vs_defaultClientScript" content="JavaScript">
      <meta name="vs_targetSchema"
      content="http://schemas.microsoft.com/intellisense/ie5">
  </head>
  <body ms_positioning="GridLayout">
      <form id="Form1" method="post" runat="server">
          <center>
              <h4>Ajax 实现联动查询</h4>
              <hr>
              <table cellpadding=0 cellspacing=0 border=0 width=100%>
```

```
                <tr>
                <td align=center><asp:DropDownList id="DropDownList1"
                runat="server"></asp:DropDownList></td>
                </tr>
                <tr>
                <td align=center><div id=div1 ></div></td>
                </tr>
                </table>
                </font>
        </form>
        </center>
    </body>
</html>
```

conttype.cs 代码

```
using System;
using System.Collections;
using System.ComponentModel;
using System.Data;
using System.Data.SqlClient;
using System.Drawing;
using System.Web;
using System.Web.SessionState;
using System.Web.UI;
using System.Web.UI.WebControls;
using System.Web.UI.HtmlControls;

namespace book
{
    /// <summary>
    /// conttype 的摘要说明
    /// </summary>
    public class conttype : System.Web.UI.Page
    {
        private DataSet ds=new DataSet();
        private SqlConnection conn = new SqlConnection("data
        source=localhost;database=Northwind;user id=sa;password=");
        protected System.Web.UI.WebControls.DropDownList DropDownList1;
        protected System.Web.UI.WebControls.DropDownList DropDownList2;
        SqlDataAdapter da;
```

```
    private void Page_Load(object sender, System.EventArgs e)
    {
        // 在此处放置用户代码以初始化页面
        AjaxPro.Utility.RegisterTypeForAjax(typeof(conttype));

DropDownList1.Attributes.Add("onchange","div1.innerHTML=book.conttype.
dataShow(DropDownList1.options[DropDownList1.selectedIndex].value).value");
        dataLoad("","1");
    }
    [AjaxPro.AjaxMethod]
    public void dataLoad()
    {
        da=new SqlDataAdapter("select * from conttype where  and parentId=
        0"+strWhere,conn);
        da.Fill(ds,"conttype");

        DropDownList1.DataSource =ds.Tables["conttype"];
        DropDownList1.DataValueField="id";
        DropDownList1.DataTextField="name";
        DropDownList1.DataBind();
    }
    [AjaxPro.AjaxMethod]
    public string dataShow(string strWhere)
    {
        string strReturn="";
        da=new SqlDataAdapter("select * from conttype where
        parentId="+strWhere,conn);
        da.Fill(ds,"conttype");

        for ( int i=0; i<ds.Tables["conttype"].Rows.Count;i++ )
        {
            strReturn+=ds.Tables["conttype"].Rows[i]["name"]+"<br>";
        }

        return strReturn;
    }

    #region Web 窗体设计器生成的代码
    override protected void OnInit(EventArgs e)
```

```
        {
            //
            // CODEGEN: 该调用是 ASP.NET Web 窗体设计器所必需的
            //
            InitializeComponent();
            base.OnInit(e);
        }

        /// <summary>
        /// 设计器支持所需的方法
        /// 不要使用代码编辑器修改此方法的内容
        /// </summary>
        private void InitializeComponent()
        {
            this.Load += new System.EventHandler(this.Page_Load);
        }
        #endregion
    }
}
```

在以上代码中，为 DropDownList1 添加前台事件使用了 Attributes.Add 方法：DropDownList1.Attributes.Add("onchange","div1.innerHTML=book.conttype.dataShow(DropDownList1.options[DropDownList1.selectedIndex].value).value")，这是为后台 Web 服务器控件添加前台事件常用的方法。

浏览网页，选择合同大类别后，可以看到如图 9–17 所示的页面。

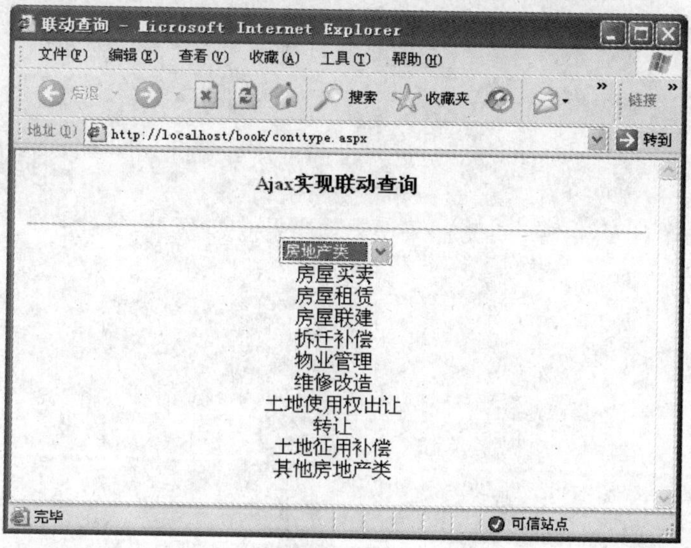

图 9–17　联动查询结果页面

9.4 思考与练习

1. 利用 DataSet 对象将数据库 Northwind 中 Region 表的数据写入 XML 文件中，并利用 XML 控件将数据显示在页面上。

2. 实现一个判断输入年份是否为闰年的 WebService，并在应用程序中调用，如果输入格式错误的数据，会返回错误提示符。

3. 利用 Ajax 技术编写一个站内搜索的功能，可以使用 AjaxPro 控件实现 Ajax 技术。

第10章 综合实例

实验目的

1. 初步了解应用程序的开发过程。
2. 系统总结 ASP.NET 知识，并灵活运用。
3. 能够根据需要构建简单的应用程序框架和实施细节。
4. 能够综合运用 ASP.NET 技术实现常用的功能模块。

实验内容

1. 实现留言与管理系统。
2. 实现新闻发布系统。
3. 实现论坛系统。
4. 实现在线考试系统。

10.1 实验一 留言与管理系统

留言功能在 Web 应用中比较常见，是站点常有的模块，作为与用户交流的工具常被嵌入到网站中。本示例中的留言系统具有留言、回复和简单管理功能。通过实际上机练习，了解应用程序的开发过程。其中示例中应用了 Ajax 技术，以便更深入地认识 Ajax 技术在 ASP.NET 中的运用。

具体操作步骤如下。

（1）分析留言系统的功能需求。

（2）设计并创建数据库。

（3）设计配置应用程序并编写代码。

1. 分析留言系统的功能需求

（1）实现留言功能。用户可以通过此功能在网站上留言，内容包括留言标题、留言者昵称、留言内容，其中系统留言内容能够实现大文本输入。系统能够自动记录留言时间。

（2）实现对留言的回复功能。系统管理人员可以针对一条留言进行多次回复，回复内容能实现大文本输入。

（3）查看留言回复功能。能够查看针对所有留言的回复信息。

（4）实现对留言的管理功能。系统管理人员能够维护留言信息，能够删除留言，删除留言时其回复信息一起被删除。

留言与管理系统功能图如图 10–1 所示。

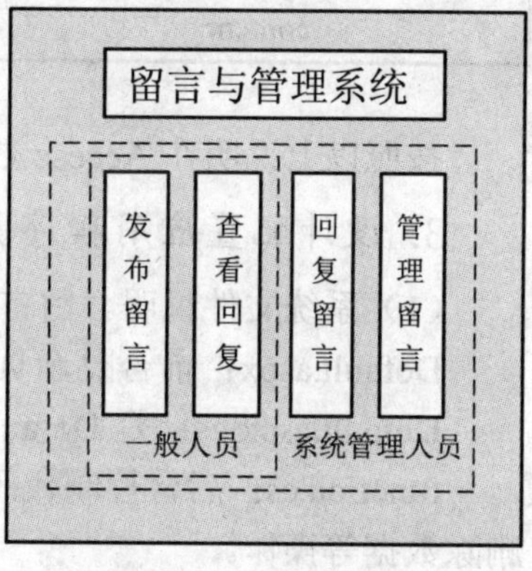

图 10–1 系统功能图

2. 设计并创建数据库

（1）由需求分析得知，系统需要对留言信息、回复信息（包括留言人昵称）、管理人员信息进行数据存储，并且一条留言信息对应多条回复信息，两者为一对多的关系。

（2）建立数据表。本例后台数据库采用 Access 设计，包括管理员信息表 Admin、回复信息表 Reply、留言信息表 Topic，具体说明如表 10.1～表 10.3 所示。

表 10.1 管理员信息表 Admin 说明

字　段	类　型	说　明
id	自动编号	管理员信息自动编号
name	文本	应用程序名称
user	文本	用户名
pass	文本	密码

表 10.2 回复信息表 Reply 说明

字　段	类　型	说　明
id	自动编号	回复信息自动编号
topicId	长整型数字	留言记录编号
addDate	日期/时间	回复日期
content	备注	回复信息

表 10.3 留言信息表 Topic 说明

字　段	类　型	说　明
id	自动编号	留言信息自动编号
title	文本	留言标题
author	文本	留言人
addDate	日期/时间	留言日期
content	备注	留言内容

按照以上说明在 Access 数据库中建立数据库，如图 10–2 所示。

3. 设计配置应用程序并编写代码

（1）系统文件说明。留言与管理系统设计主要包括 5 个文件，具体说明如下。

Default.aspx：前台显示页面，在该页面内显示留言、回复信息和对留言进行管理。

Default.aspx.cs：是 Default.aspx 文件的代码隐藏文件，主要包含各种定义的 Ajax 方法。

function.cs：后台控制代码文件，主要负责操作数据库，包括打开、关闭、读取、插入和删除数据等操作。

style.css：样式文件，主要对 Default.aspx 文件进行布局设计。

book.mdb：数据库文件，用来存储留言、回复和管理员信息。

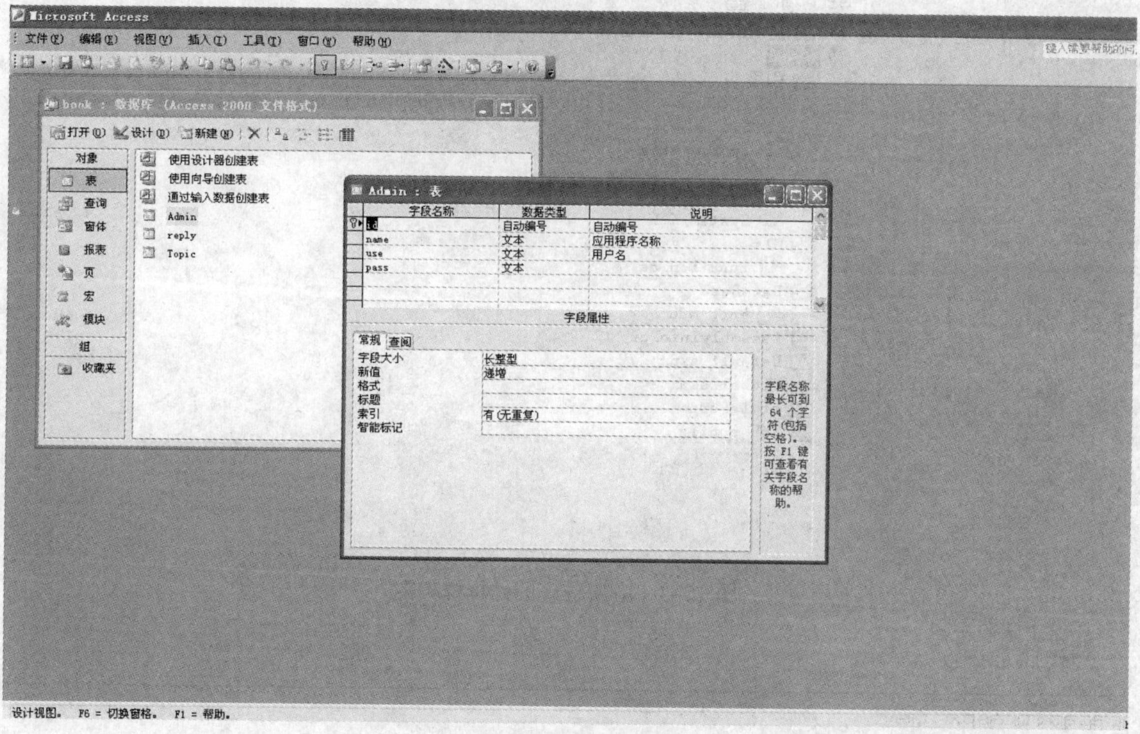

图 10–2　建立 Access 数据库

（2）建立虚拟目录，或者在 Visual Studio.NET 2003 中建立一个 Web 应用程序，操作方法参考第 1 章相关内容。

（3）引入 AjaxPro 组件并设置相关属性，关于如何引用和设置 AjaxPro 组件可以参考第 9 章实验三的详细介绍。

（4）完成应用程序属性设置，应用程序属性设置都存放在根目录下的 Web.config 文件中。有关 Web.config 文件说明可以参考第 9 章实验三的详细介绍。

其中主要设置如下：

```
<httpHandlers>
        <add verb="POST,GET" path="ajaxpro/*.ashx"
        type="AjaxPro.AjaxHandlerFactory,AjaxPro"/>
</httpHandlers>
```

定义数据库连接字符串：

```
<appsettings>
    <add key="connStr"
    value="Provider=Microsoft.Jet.OLEDB.4.0;Data
    Source={0}\\DataBase\\book.mdb" />
</appsettings>
```

整个应用程序的结构框架如图 10–3 所示。

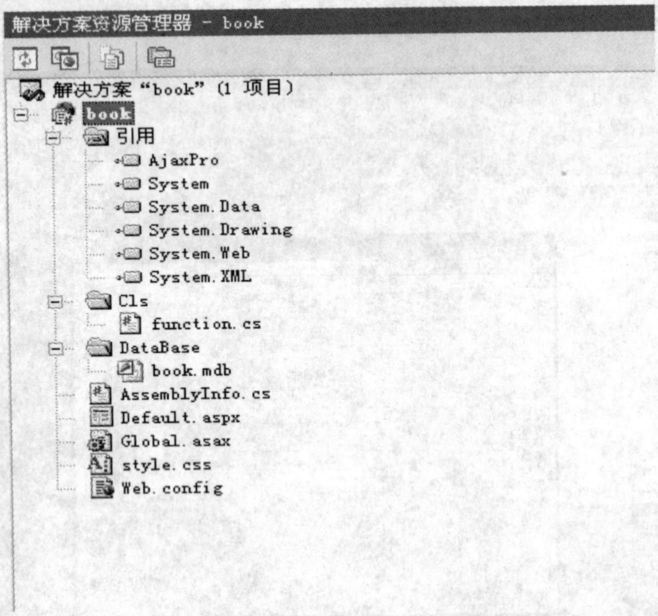

图 10–3 应用程序的结构框架图

代码如下：

```
Default.aspx 代码
<%@ Page Language="C#" CodeBehind="Default.aspx.cs" AutoEventWireup="false"
Inherits="book.defaultpage" %>
<html>
<head runat="server">
  <title>留言与管理系统</title>
  <link href="style.css" rel="stylesheet" type="text/css" />
  <script type="text/javascript">
    var hash=window.location.hash;
    hash=hash.substring(1,hash.length);
    var arr=hash.split('#')[0].split('/');
    keyValue=arr[0].split('.')[1];
    function pageload()
    {
        if(keyValue)
            showList(keyValue);
        else
            showList(1);
    }
    function postMsg()
    {
```

```
    var author=document.all("txtAuthor");
    var title=document.all("txtTitle");
    var content=document.all("txtContent");
    if(author.value.length==0 || title.value.length==0 || content.value.
    length==0)
    {
        showMsg("请认真填写！",1);
        return false;
    }
    showMsg("正在执行操作，请稍等！",0);
    book.defaultpage.addMsg(
        author.value,title.value,content.value,
        function(result){
            if(result)
            {
                author.value="";
                title.value="";
                content.value="";
                showMsg("成功",1);
                showList(1);
            }
            else
            {
                showMsg("失败",1);
            }
        }
    );
}
function showMsg(msg,w)
{

    document.all("msg").style.display="block";
    document.all("msg").innerHTML=msg;
    if(w==1)
        setTimeout(closeMsg,5000);
}
function closeMsg()
{
    document.all("msg").innerHTML="";
```

```
    document.all("msg").style.display="none";
}
function showList(page)
{
    showMsg("正在执行操作，请稍等！",0);
    keyValue=page;
    var msgList=document.all("msgList");
    book.defaultpage.msgList(
        page,
        function(result){
            msgList.innerHTML=result.value;
            closeMsg();
        }
    );
}
function showPost()
{
    document.all("loginBar").style.display="none";
    if(document.all("postMsg").style.display!="block")
    {
        document.all("postMsg").style.display="block";
        document.all("showPostBtn").innerHTML="关闭留言";
        document.all("showloginBtn").innerHTML="管理登录";
    }
    else
    {
        document.all("postMsg").style.display="none";
        document.all("showPostBtn").innerHTML="发布留言";
    }
}
function showLogin()
{
    document.all("postMsg").style.display="none";
    if(document.all("showloginBtn").innerHTML=="管理登录")
    {
        document.all("loginBar").style.display="block";
        document.all("showloginBtn").innerHTML="退出登录";
        document.all("showPostBtn").innerHTML="发布留言";
    }
```

```
    else
    {
        document.all("loginBar").style.display="none";
        document.all("showloginBtn").innerHTML="管理登录";
        book.defaultpage.logOut(
            function(result){
                if(result.value)
                    showMsg("成功注销!",1);
                else
                    showMsg("未登录或操作失败!",1);
                showList(keyValue);
            }
        )
    }
}
function chkLogin()
{
    showMsg("正在执行操作，请稍等! ",0);
    var pass=document.all("pass").value;
    if(pass.length==0){
        showMsg("密码",1);
        return false;
    }
    book.defaultpage.userLogin(
        pass,
        function(result){
            if(result.value)
            {
                showMsg("登录成功! ",1);
                document.all("loginBar").style.display="none";
                setTimeout(
                    function(){
                        showList(keyValue);
                    }
                ,1000);
            }
            else
            {
                showMsg("密码错误! ",1)
```

```
            }
        }
    )
}
function showReply(tid)
{
    var replydd=document.all("reply"+tid);
    if(replydd.style.display!="block")
    {
        replydd.style.display="block";
        replydd.innerHTML="正在加载,请稍等";
        book.defaultpage.showReply(
            tid,
            function(result){
                replydd.innerHTML=result.value;
            }
        )
    }
    else
    {
        replydd.innerHTML="";
        replydd.style.display="none";
    }
}
function showReplyBar(tid)
{
    var replydd=document.all("reply"+tid);
    if(replydd.style.display!="block")
    {
        replydd.style.display="block";
        replydd.innerHTML="正在加载,请稍等";
        book.defaultpage.showReplyBar(
            tid,
            function(result){
                replydd.innerHTML=result.value;
            }
        )
    }
    else
```

```
        {
            replydd.innerHTML="";
            replydd.style.display="none";
        }
    }
    function addReply(tid)
    {
        var content=document.all("replyContent"+tid);
        if(content.value.length==0)
        {
            document.all("replyMsg"+tid).innerHTML="请填写回复内容!";
            return false;
        }
        document.all("replyMsg"+tid).innerHTML="正在提交数据,请稍等!";
        book.defaultpage.addReply(
            tid,content.value,
            function(result){
                if(result.value)
                {
                    document.all("replyMsg"+tid).innerHTML="发布成功!";
                    content.value="";
                }
                else
                document.all("replyMsg"+tid).innerHTML="发生错误!";
            }
        )
    }
    function delTopic(tid)
    {
        showMsg("正在执行操作!",0);
        book.defaultpage.delTopic(
            tid,
            function(result){
                if(result.value)
                {
                    showList(keyValue);
                }
                else
                    showMsg("操作失败!",0);
```

```
            }
        )
    }
    </script>
</head>
<body>
    <form id="form1" runat="server">
        <br /><br />
        <h3>留言与管理系统</h3>
        <div id="top">
            <a href="javascript:void(0)" onclick="showPost()"><span id="showPostBtn">
            发布留言</span> </a>
            <a href="javascript:void(0)" onclick="showLogin()"><span id="showloginBtn">
            管理登录</span></a>
        </div>
        <hr />
        <div id="msg"></div>
        <div id="postMsg">
            <div class="postHead">发布留言</div>
            <dl>
                <dd>标题：<input id="txtTitle" type="text" /></dd>
                <dd>昵称：<input id="txtAuthor" type="text" /></dd>
                <dd>内容：<textarea id="txtContent" style="width: 80%; height:
                100px"></textarea></dd>
            </dl>
            <div  class="postFoot">
                <input id="btnPost" type="button" value="发  布" onclick="postMsg()" />
            </div>
        </div>
        <div id="loginBar">
            管理密码：<input id="pass" type="password" />
            <input id="Button1" type="button" value="登录" onclick="chkLogin()" />
        </div>
        <div id="msgList">
            <script type="text/javascript">
                pageload()
            </script>
        </div>
    </form>
```

```
</body>
</html>
Default.aspx.cs 代码
using System;
using System.Data;
using System.Configuration;
using System.Collections;
using System.Web;
using System.Web.Security;
using System.Web.UI;
using System.Web.UI.WebControls;

using System.Web.UI.HtmlControls;
using System.Text;
using System.Data.OleDb;

namespace book
{
    public  class defaultpage : System.Web.UI.Page
    {
        private void Page_Load(object sender, EventArgs e)
        {
            AjaxPro.Utility.RegisterTypeForAjax(typeof(defaultpage));
        }

        #region Web 窗体设计器生成的代码
        override protected void OnInit(EventArgs e)
        {
            //
            // CODEGEN: 该调用是 ASP.NET Web 窗体设计器所必需的
            //
            InitializeComponent();
            base.OnInit(e);
        }
        /// <summary>
        /// 设计器支持所需的方法
        /// 不要使用代码编辑器修改此方法的内容
        /// </summary>
        private void InitializeComponent()
```

```
{
    this.Load += new System.EventHandler(this.Page_Load);
}
#endregion
private bool isLogin()
{//判断是否登录
    if (Session["logined"] != null)
    {
        if (Convert.ToBoolean(Session["logined"].ToString()))
            return true;
    }
    return false;
}
[AjaxPro.AjaxMethod]
public bool addMsg(string author, string title, string content)
{//添加留言
    return WebFunction.ExecuteUpdate("insert into [Topic]
    (author,addDate,title,content) values ('" + author + "','" +
    DateTime.Now.ToString() + "','" + title + "','" + content + "')");
}
[AjaxPro.AjaxMethod]
public string msgList(int currentPage)
{//显示留言列表
    OleDbDataReader odr;
    StringBuilder sb = new StringBuilder();
    string sqlStr = string.Empty;
    int countNum = 0;
    int pageSize = 5;
    sqlStr = " from [Topic] where id>0";
    countNum = Convert.ToInt32(WebFunction.ExecuteScalar("select count(id)
    from [Topic]"));
    if (currentPage > 1)
    {
        sqlStr += " and id not in (select top " + pageSize * (currentPage
        - 1) + " id from [Topic] order by id desc)";
    }
    sqlStr = "select top " + pageSize + " id,title,author,addDate,content
    " + sqlStr + " order by id desc";
```

```
        odr = WebFunction.dataReader(sqlStr);
        while (odr.Read())
        {
            sb.Append("<div id='msgHead'><span id='span1'>" + odr[1].ToString()
            + "</span><span id='span2'>留言者: " + odr[2].ToString() + " 留言时
            间: "   + odr[3].ToString() + "</span></div>");
            sb.Append("<div id='msgMain'>" + odr[4].ToString() + "</div>");
            sb.Append("<div id='msgFoot'>_u115 ?pan><a
            href='javascript:void(0)' onclick='showReply(" + odr[0].ToString()
            + ")'>查看回复</a>");
            if (isLogin())
                sb.Append(" <a href='javascript:void(0)'
            onclick='delTopic("+odr[0].ToString()+")'>删除</a> <a href=
            'javascript: void (0)' onclick='showReplyBar("+odr[0].ToString()+")'>
            回复</a>");
            sb.Append("</span><span id='reply" + odr[0].ToString() + "' class=
            'reply'> </span></div>");
        }
        WebFunction.closeDataReader(ref odr);
        sb.Append(WebFunction.PageList(pageSize,"showList",countNum,
        currentPage)); return sb.ToString();
    }
    [AjaxPro.AjaxMethod]
    public bool userLogin(string pass)
    {//用户登录
        if (WebFunction.chkExist("select * from [Admin] where pass='" + pass + "'"))
        {
            Session["logined"] = true;
            return true;
        }
        else
        {
            return false;
        }
    }
    [AjaxPro.AjaxMethod]
    public string showReply(int tid)
        {//显示回复信息
        StringBuilder sb = new StringBuilder();
```

```
    OleDbDataReader odr = WebFunction.dataReader("select addDate, content
    from[Reply]where topicId=" + tid.ToString());
    if(odr.HasRows)
    {
        while (odr.Read())
        {
            sb.Append("<div class='replyBody'>");
            sb.Append(odr[0].ToString() + "回复:<br>" + odr[1].ToString());
            sb.Append("</div>");
        }
    }
    else
    {
        sb.Append("暂无回复!");
    }
    WebFunction.closeDataReader(ref odr);
    return sb.ToString();
}
[AjaxPro.AjaxMethod]
public string showReplyBar(int tid)
{//显示回复条
    StringBuilder sb = new StringBuilder();
    sb.Append("<div id='replyMsg" + tid.ToString() + "'></div><textarea
    id='replyContent" + tid.ToString() + "' cols='40' rows='4'></textarea>
    <br><input type='button' onclick='addReply(" + tid.ToString() + ")'
    value='发布回复'>");
    return sb.ToString();
}
[AjaxPro.AjaxMethod]
public bool addReply(int tid, string content)
{//添加回复
    if (isLogin())
        return WebFunction.ExecuteUpdate("insert into [Reply] (topicId,
        addDate, content) values (" + tid.ToString() + ",'" + DateTime.Now.
        ToString() + "','" + WebFunction.safeForm(content) + "')");
    else
        return false;
}
[AjaxPro.AjaxMethod]
```

```
        public bool delTopic(int tid)
        {//删除留言
            if (isLogin())
            {
                WebFunction.ExecuteUpdate("delete * from [Topic] where id=" +
                tid.ToString());
                WebFunction.ExecuteUpdate("delete * from [Reply] where topicId=" +
                tid.ToString());
                return true;
            }
            else
                return false;
        }
        [AjaxPro.AjaxMethod]
        public bool logOut()
        {//取消登录
            if (isLogin())
            {
                Session["logined"] = false;
                return true;
            }
            else
                return false;
        }
    }
}
```

function.cs 代码

```
using System;
using System.Data;
using System.Configuration;
using System.Web;
using System.Web.Security;
using System.Web.UI;
using System.Web.UI.WebControls;

using System.Web.UI.HtmlControls;
using System.Text.RegularExpressions;
using System.Data.OleDb;
```

```
/// <summary>
/// WebFunction 的摘要说明
/// </summary>
public class WebFunction
{
    protected static OleDbConnection conn = new OleDbConnection();
    protected static OleDbCommand comm = new OleDbCommand();

    public WebFunction()
    {
        //
        // TODO: 在此处添加构造函数逻辑
        //
    }

    /// <summary>
    /// 打开数据库连接
    /// </summary>
    private static void openConnection()
    {
        if (conn.State == ConnectionState.Closed)
        {
            conn.ConnectionString =
            string.Format( ConfigurationSettings. AppSettings ["connStr"],System.Web.
            HttpContext.Current.Server.MapPath(".."));


            comm.Connection = conn;
            try
            {
                conn.Open();
            }
            catch (Exception e)
            {
                throw new Exception(e.Message);
            }
        }
    }
    /// <summary>
```

```
/// 关闭当前数据库连接
/// </summary>
private static void closeConnection()
{
    if (conn.State == ConnectionState.Open)
        conn.Close();
    conn.Dispose();
    comm.Dispose();
}
/// <summary>
/// 执行SQL查询语句
/// </summary>
/// <param name="sqlstr">传入的Sql语句</param>
public static void ExecuteSql(string sqlstr)
{
    try
    {
        openConnection();
        comm.CommandType = CommandType.Text;
        comm.CommandText = sqlstr;
        comm.ExecuteNonQuery();
    }
    catch (Exception e)
    {
        throw new Exception(e.Message);
    }
    finally
    {
        closeConnection();
    }
}

/// <summary>
/// 执行SQL更新语句
/// </summary>
/// <param name="sqlstr">传入的SQL语句</param>
/// <returns>布尔值</returns>
public static bool ExecuteUpdate(string sqlstr)
{
```

```
    int isUpdateOk = 0;
    try
    {
        openConnection();
        comm.CommandType = CommandType.Text;
        comm.CommandText = sqlstr;
        isUpdateOk = Convert.ToInt32(comm.ExecuteNonQuery());
    }
    catch (Exception e)
    {
        throw new Exception(e.Message);
    }
    finally
    {
        closeConnection();
    }
    if (isUpdateOk > 0)
    {
        return true;
    }
    else
    {
        return false;
    }
}

/// <summary>
/// 执行SQL查询语句并返回第一行的第一条记录,返回值为object 时需要拆箱操作 -> Unbox
/// </summary>
/// <param name="sqlstr">传入的SQL语句</param>
/// <returns>object 返回值 </returns>
public static object ExecuteScalar(string sqlstr)
{
    object obj = new object();
    try
    {
        openConnection();
        comm.CommandType = CommandType.Text;
        comm.CommandText = sqlstr;
```

```
            obj = comm.ExecuteScalar();
        }
        catch (Exception e)
        {
            throw new Exception(e.Message);
        }
        finally
        {
            closeConnection();
        }
        return obj;
    }

    /// <summary>
    /// 返回指定SQL语句的SqlDataReader，注意，使用后要关闭本对象，同时自动 /// 调用
closeConnection()来关闭数据库连接
    /// </summary>
    /// <param name="sqlstr">传入的SQL语句</param>
    /// <returns>SqlDataReader对象</returns>
    public static OleDbDataReader dataReader(string sqlstr)
    {
        OleDbDataReader dr = null;
        try
        {
            openConnection();
            comm.CommandText = sqlstr;
            comm.CommandType = CommandType.Text;
            dr = comm.ExecuteReader(CommandBehavior.CloseConnection);
        }
        catch
        {
            try
            {
                dr.Close();
                closeConnection();
            }
            catch
            {
            }
```

```
    }
    return dr;
}

///<summary>
///关闭DataReader
///传入SqlDataReader的ref
///</summary>
public static void closeDataReader(ref OleDbDataReader sdr)
{
    try
    {
        sdr.Close();

    }
    catch (Exception)
    { }
}

/// <summary>
/// 返回指定Sql语句的DataSet
/// </summary>
/// <param name="sqlstr">传入的SQL语句</param>
/// <returns>DataSet</returns>
public static DataSet dataSet(string sqlstr)
{
    DataSet ds = new DataSet();
    OleDbDataAdapter da = new OleDbDataAdapter();
    try
    {
        openConnection();
        comm.CommandType = CommandType.Text;
        comm.CommandText = sqlstr;
        da.SelectCommand = comm;
        da.Fill(ds);
    }
    catch (Exception e)
    {
        throw new Exception(e.Message);
```

```
    }
    finally
    {
        closeConnection();
    }
    return ds;
}

/// <summary>
/// 返回指定SQL语句的DataSet
/// </summary>
/// <param name="sqlstr">传入的SQL语句</param>
/// <param name="ds">传入的引用DataSet对象</param>
public static void dataSet(string sqlstr, ref DataSet ds)
{
    OleDbDataAdapter da = new OleDbDataAdapter();
    try
    {
        openConnection();
        comm.CommandType = CommandType.Text;
        comm.CommandText = sqlstr;
        da.SelectCommand = comm;
        da.Fill(ds);
    }
    catch (Exception e)
    {
        throw new Exception(e.Message);
    }

    finally
    {
        closeConnection();
    }
}
/// <summary>
/// 返回指定SQL语句的DataTable
/// </summary>
/// <param name="sqlstr">传入的SQL语句</param>
/// <returns>DataTable</returns>
```

```
public static DataTable dataTable(string sqlstr)
{
    OleDbDataAdapter da = new OleDbDataAdapter();
    DataTable datatable = new DataTable();
    try
    {
        openConnection();
        comm.CommandType = CommandType.Text;
        comm.CommandText = sqlstr;
        da.SelectCommand = comm;
        da.Fill(datatable);
    }
    catch (Exception)
    {
    }
    finally
    {
        closeConnection();
    }
    return datatable;
}

/// <summary>
/// 执行指定Sql语句,并将查询结果放入DataTable中
/// </summary>
/// <param name="sqlstr">传入的SQL语句</param>
/// <param name="dt">ref DataTable dt </param>
public static void dataTable(string sqlstr, ref DataTable dt)
{
    OleDbDataAdapter da = new OleDbDataAdapter();
    try
    {
        openConnection();
        comm.CommandType = CommandType.Text;
        comm.CommandText = sqlstr;
        da.SelectCommand = comm;
        da.Fill(dt);
    }
    catch (Exception e)
```

```
    {
        throw new Exception(e.Message);
    }
    finally
    {
        closeConnection();
    }
}

/// <summary>
/// 执行指定SQL语句
/// </summary>
/// <param name="sqlstr">传入的SQL语句</param>
public static DataView dataView(string sqlstr)
{
    OleDbDataAdapter da = new OleDbDataAdapter();
    DataView dv = new DataView();
    DataSet ds = new DataSet();
    try
    {
        openConnection();
        comm.CommandType = CommandType.Text;
        comm.CommandText = sqlstr;
        da.SelectCommand = comm;
        da.Fill(ds);
        dv = ds.Tables[0].DefaultView;
    }
    catch (Exception e)
    {
        throw new Exception(e.Message);
    }
    finally
    {
        closeConnection();
    }
    return dv;
}

/// <summary>
```

```
/// 执行指定SQL语句,开始记录位置和返回记录数
/// </summary>
/// <param name="sqlstr">传入的SQL语句</param>
/// <param name="StartIndex">开始记录位置</param>
/// <param name="pageSize">返回记录数</param>
public static DataView dataView(string sqlstr, int StartIndex, int pageSize)
{
    OleDbDataAdapter da = new OleDbDataAdapter();
    DataView dv = new DataView();
    DataSet ds = new DataSet();
    try
    {
        openConnection();
        comm.CommandType = CommandType.Text;
        comm.CommandText = sqlstr;
        da.SelectCommand = comm;
        da.Fill(ds, StartIndex, pageSize, "pagelist");
        dv = ds.Tables["pagelist"].DefaultView;
    }
    catch (Exception e)
    {
        throw new Exception(e.Message);
    }
    finally
    {
        closeConnection();
    }
    return dv;
}

public static string cutTitle(string str, int len)
{
    int intLen = str.Length;
    int start = 0;
    int end = intLen;
    int single = 0;
    char[] chars = str.ToCharArray();
    for (int i = 0; i < chars.Length; i++)
    {
```

```
        if (Convert.ToInt32(chars[i]) > 255)
        {
            start += 2;
        }
        else
        {
            start += 1;
            single++;
        }
        if (start >= len)
        {

            if (end % 2 == 0)
            {
                if (single % 2 == 0)
                {
                    end = i + 1;
                }
                else
                {
                    end = i;
                }
            }
            else
            {
                end = i + 1;
            }
            break;
        }
    }
    string temp = str.Substring(0, end);
    if (str.Length > end)
    {
        return temp + "...";
    }
    else
    {
        return temp;
    }
```

```
}

/// <summary>
/// 验证是否正确
/// </summary>
/// <param name="userName">传入SQL语句</param>
/// <returns>布尔值</returns>
public static bool chkExist(string sqlstr)
{
    int isExit = 0;
    try
    {
        openConnection();
        comm.CommandType = CommandType.Text;
        comm.CommandText = sqlstr;
        isExit = Convert.ToInt32(comm.ExecuteScalar());
    }
    catch (Exception e)
    {
        throw new Exception(e.Message);
    }
    finally
    {
        closeConnection();
    }
    if (isExit > 0)
    {
        return true;
    }
    else
    {
        return false;
    }
}

public static string safeForm(string str)
{
    str = str.Trim();
    str = str.Replace("'", "''");
```

```
    return str;
  }

  public static string alertChk(string str, int how)
  {
    switch (how)
    {
      case 1:
        return "<script>alert('" + str + "');window.location.href='Default.aspx'
        </script>";
      case 2:
        return "<script>alert('" + str + "');window.close()</script>";
      default:
        return "<script>alert('" + str + "');history.go(-1)</script>";
    }
  }

  /// <summary>
  /// 替换HTML中的特殊字符
  /// </summary>
  /// <param name="theString">需要进行替换的文本。</param>
  /// <returns>替换完的文本。</returns>
  public static string HtmlEncode(string theString)
  {
    theString = theString.Replace(">", "&gt;");
    theString = theString.Replace("<", "&lt;");
    theString = theString.Replace(" ", "  ");
    theString = theString.Replace("  ", "  ");
    theString = theString.Replace("\"", "&quot;");
    theString = theString.Replace("\'", "&#39;");
    theString = theString.Replace("\n", "<br/> ");
    return theString;
  }

  /// <summary>
  /// 恢复html中的特殊字符
  /// </summary>
  /// <param name="theString">需要恢复的文本。</param>
  /// <returns>恢复好的文本。</returns>
```

```
public static string HtmlDiscode(string theString)
{
    theString = theString.Replace("&gt;", ">");
    theString = theString.Replace("&lt;", "<");
    theString = theString.Replace(" ", " ");
    theString = theString.Replace("  ", "  ");
    theString = theString.Replace("&quot;", "\"");
    theString = theString.Replace("&#39;", "\'");
    theString = theString.Replace("<br/> ", "\n");
    return theString;
}

public static string DealHtml(string str)
{
    str = Regex.Replace(str, @"\<(img)[^>]*>|<\/(img)>", "",
    RegexOptions.IgnoreCase);
    str = Regex.Replace(str, @"\<(table|tbody|tr|td|th|)[^>]*>|<\/(table|
    tbody|tr|td|th|)>", "", RegexOptions.IgnoreCase);
    str=Regex.Replace(str,@"\<(div|blockquote|fieldset|legend)[^>]*>|<\/(div|
    blockquote|fieldset|legend)>", "", RegexOptions.IgnoreCase);
    str = Regex.Replace(str, @"\<(font|i|u|h[1-9]|s)[^>]*>|<\/(font|i|u|h
    [1-9]|s)>", "", RegexOptions.IgnoreCase);
    str = Regex.Replace(str, @"\<(style|strong)[^>]*>|<\/(style|strong)>", "",
    RegexOptions.IgnoreCase);
    str = Regex.Replace(str, @"\<a[^>]*>|<\/a>", "", RegexOptions.IgnoreCase);
    str = Regex.Replace(str, @"\<(meta|iframe|frame|span|tbody|layer) [^>]*>
|<\/(iframe|frame|meta|span|tbody|layer)>", "", RegexOptions.IgnoreCase);
    str = Regex.Replace(str, @"\<a[^>]*", "", RegexOptions.IgnoreCase);
    return str;
}

public static string PageList(int size, string funClick, int countNum, int
currentPage)
{
    int pageCount = 0;
    int stepNum = 3;
    int pageRoot = 1;
    string pageStr = "";
    int pageSize = size;
```

```
if (countNum % pageSize == 0)
{
    pageCount = countNum / pageSize;
}
else
{
    pageCount = countNum / pageSize + 1;
}
pageStr = "<div id='pager'>分页: " + currentPage.ToString() + "/" + pageCount.
ToString() + "页";
if (currentPage - stepNum > 1)
{
    pageRoot = currentPage - stepNum;
}
int pageFoot = pageCount;
if (currentPage + stepNum < pageCount)
{
    pageFoot = currentPage + stepNum;
}
if (pageRoot == 1)
{
    if (currentPage == 1)
    {
        pageStr += "<font color=888888 face=webdings>9</font></a>";
        pageStr += "<font color=888888 face=webdings>7</font></a> ";
    }
    else
    {
        pageStr += "<a href='#page.1' onclick='" + funClick + "(1)' title='
        首页'><font face=webdings>9</font></a>";
        pageStr += "<a href='#page." + Convert.ToString(currentPage - 1)
        + "' onclick='" + funClick + "(" + Convert.ToString(currentPage -
        1) + ")' title='上页'><font face=webdings>7</font></a> ";
    }
}
else
{
    pageStr += "<a href='#page.1' onclick='" + funClick + "(1)' title='
    首页'>_<font face=webdings>9</font></a>";
```

```
    pageStr += "<a href='#page." + Convert.ToString(currentPage - 1) + "'
    onclick='" + funClick + "(" + Convert.ToString(currentPage - 1) + ")'
    title='上页'><font face=webdings>7</font></a>...";
}
for (int i = pageRoot; i <= pageFoot; i++)
{
    if (i == currentPage)
    {
        pageStr += "<font color='red'>[" + i.ToString() + "]</font> ";
    }
    else
    {
        pageStr += "<a href='#page." + i.ToString() + "' onclick='" + funClick
        + "(" + i.ToString() + ")'>[" + i.ToString() + "]</a> ";
    }
    if (i == pageCount)
        break;
}
if (pageFoot == pageCount)
{
    if (pageCount == currentPage)
    {
        pageStr += "<font color=888888 face=webdings>8</font></a>";
        pageStr += "<font color=888888 face=webdings>:</font></a>";
    }
    else
    {
        pageStr += "<a href='#page." + Convert.ToString(currentPage + 1)
        + "' onclick='" + funClick + "(" + Convert.ToString(currentPage +
        1) + ")' title='下页'><font face=webdings>8</font></a>";
        pageStr += "<a href='#page." + pageCount.ToString() + "' onclick='"+
        funClick + "(" + pageCount.ToString() + ")' title='尾页'><font
        face=webdings>:</font></a>";
    }
}
else
{
    pageStr += "... <a href='#page." + Convert.ToString(currentPage + 1)+
    "' onclick='" + funClick + "(" + Convert.ToString(currentPage + 1) +
```

```
            ")' title='下页'><font face=webdings>8</font></a>";
            pageStr += "<a href='#page." + pageCount.ToString() + "' onclick='"+
            funClick + "(" + pageCount.ToString() + ")' title='尾页'><font
            face=webdings>:</font></a>";
        }
        pageStr += "</div>";
        return pageStr;
    }
}
```

10.2　实验二　简单 BBS 论坛系统

BBS 论坛与留言板都是进行信息发布与交流的 Web 应用，相对于留言板，BBS 论坛更侧重于信息交流的互动性和参与性。目前，论坛的应用比较普及，已发展成为一个独立的 Web 应用系统，成为大家最喜欢的网络生活交流方式。本例将给出 BBS 应用的开发过程，完成一个功能单一的 BBS 论坛系统的开发，实现了发起主题并针对主题跟帖的功能。

具体操作步骤如下。

（1）分析简单 BBS 系统的功能需求。

（2）设计并创建数据库。

（3）设计配置应用程序并编写代码。

1. 分析简单 BBS 系统的功能需求

（1）实现发起主题功能。用户可以通过此功能在系统中添加主题信息，内容包括发起人姓名、发起人 E-mail、主题名称、主题内容、发起时间，每个主题应显示跟帖的个数，其中系统主题内容能够实现大文本输入。系统能够自动记录发起时间，验证 E-mail 的输入格式。

（2）实现对主题的跟帖功能。实现针对一条主题信息的多次跟帖功能，跟帖信息包括跟帖人姓名、跟帖人 E-mail、跟帖名称、跟帖内容、跟帖时间，其中跟帖内容能实现大文本输入，验证 E-mail 的输入格式。

简单 BBS 系统功能图如图 10–4 所示。

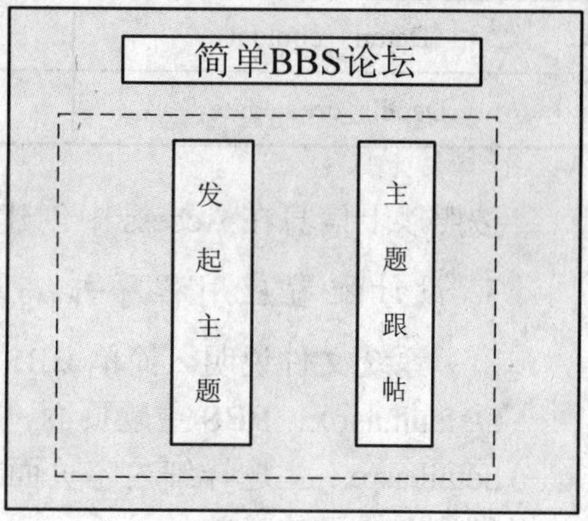

图 10–4　系统功能图

2. 设计并创建数据库

（1）由需求分析得知，系统需要对主题信息、跟帖信息进行数据存储，并且一条主题信息对应多条跟帖信息，两者为一对多的关系。

（2）建立数据表。本例后台数据库采用 Access 设计，包括主题信息表 BBS_TITLES、帖子信息表 BBS_DETAILS，具体说明如表 10.4、表 10.5 所示。

表 10.4　主题信息表 BBS_TITLES 说明

字　段	类　型	说　明
Titles_id	自动编号	主题信息自动编号
Titles_name	文本	发起人姓名
Titles_email	文本	发起人 E-mail
Titles_subject	文本	主题名称
Titles_content	备注	主题内容
Titles_createdate	日期/时间	创建时间
Titles_lastpostdate	日期/时间	最后发布时间
Titles_num	长整型数字	回帖数

表 10.5　帖子信息表 BBS_DETAILS 说明

字　段	类　型	说　明
Details_id	自动编号	帖子信息自动编号
Titles_id	长整型数字	主题编号
Details_name	文本	回帖人姓名
Details_email	文本	回帖人 E-mail
Details_subject	文本	回帖名称
Details_content	备注	回帖内容
Details_createdate	日期/时间	发布时间

按照以上信息在 Access 中创建数据库。

3. 设计配置应用程序并编写代码

（1）系统文件说明。简单 BBS 论坛系统设计主要包括 4 个文件，具体说明如下。

Default.aspx：BBS 主题页面，在该页面上显示论坛主题，并提供主题发布的表单。

detail.aspx：主题详细内容页面，在该页面上显示主题的详细内容，以及网友的跟帖列表，并提供发布帖子的表单。

style.css：样式表文件，主要为上面两个页面进行布局设计。

BBS.mdb：数据库文件，用来存储论坛主题和帖子信息。

（2）建立虚拟目录，或者在 Visual Studio.NET 2003 中建立一个 Web 应用程序，操作方法参考第 1 章。

整个应用程序的结构框架如图 10–5 所示。

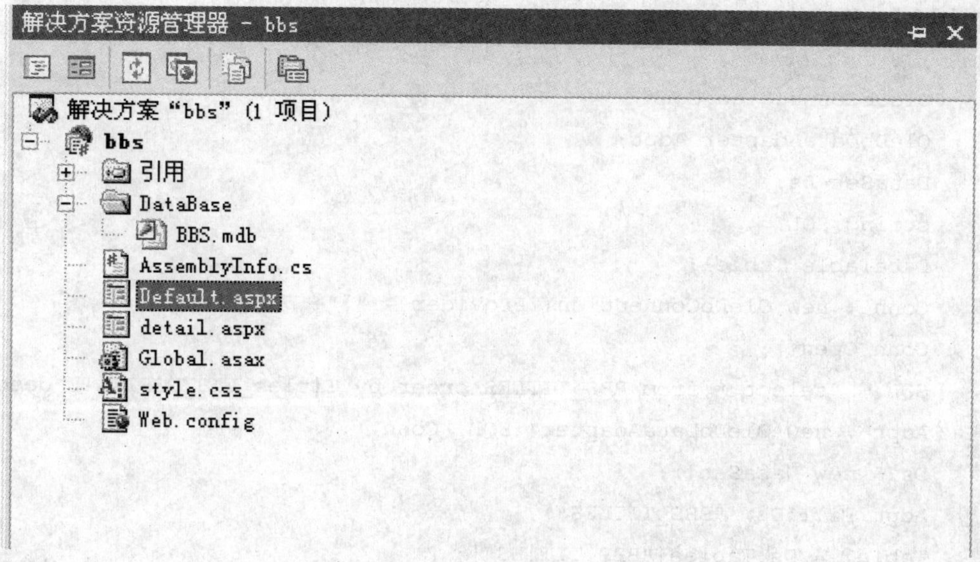

图 10–5　应用程序的结构框架图

代码如下：

```
Default.aspx 代码
<%@ Page Language="C#" Debug="True" %>
<%@ Import NameSpace="System.Data" %>
<%@ Import NameSpace="System.Data.OleDb" %>
<script runat="server">
    string Provider;
    string DataBase;
   //初始化子程序
    void Page_Load(object sender, System.EventArgs e)
    {
        Provider="Provider=Microsoft.Jet.OLEDB.4.0";
        DataBase="Data Source="+ Server.MapPath("./") + "DataBase/bbs.mdb";
        if (!IsPostBack)
            openData();
    }
   //翻页显示子程序
    void ChangePage(Object sender,DataGridPageChangedEventArgs e)
    {
        MyGrid.CurrentPageIndex = e.NewPageIndex;
        openData();
    }
   //打开数据库并绑定数据
```

```
void openData()
{
    OleDbConnection Conn;
    OleDbDataAdapter Adpt;
    DataSet Ds;
    string SQL;
    DataTable Table1;
    Conn = new OleDbConnection( Provider + ";"+ DataBase );
    Conn.Open();
    SQL = "select * from BBS_TITLES order by Titles_LASTPOSTDATE desc";
    Adpt = new OleDbDataAdapter( SQL, Conn );
    Ds = new DataSet();
    Adpt.Fill(Ds, "BBS_TITLES");
    Table1 = Ds.Tables["BBS_TITLES"];
    Table1.Columns.Add(new DataColumn("TITLES_DATE", System.Type.GetType
    ("System.String")));
    for (int i=0;i< Table1.Rows.Count-1;i++)
    {
        DateTime D1 = Convert.ToDateTime(Table1.Rows[i]["TITLES_CREATEDATE"]);
        //DateTime D2 =Convert.ToDateTime(Table1.Rows[i]["TITLES_LASTPOSTDATE"]);
      Table1.Rows[i]["TITLES_DATE"] = D1;
    }
   MyGrid.DataSource = Table1.DefaultView;
    MyGrid.DataBind();
   Conn.Close();
}
//写入主题信息子程序
 void Ender(Object sender, EventArgs e)
 {
    OleDbConnection Conn;
    OleDbCommand Cmd;
    string SQL;
    Conn = new OleDbConnection( Provider + ";" + DataBase );
    Conn.Open();
    SQL = "insert into BBS_TITLES (TITLES_NAME, TITLES_EMAIL, TITLES_SUBJECT,
    TITLES_CONTENT, TITLES_NUM) values (?, ?, ?, ?, ?)";
    Cmd = new OleDbCommand(SQL, Conn);
    Cmd.Parameters.Add( new OleDbParameter("TITLES_NAME", OleDbType.Char,255));
    Cmd.Parameters.Add( new OleDbParameter("TITLES_EMAIL", OleDbType.Char,255));
```

```
        Cmd.Parameters.Add( new OleDbParameter("TITLES_SUBJECT", OleDbType.
        VarChar));
        Cmd.Parameters.Add( new OleDbParameter("TITLES_CONTENT", OleDbType.
        VarChar));
        Cmd.Parameters.Add( new OleDbParameter("TITLES_NUM", OleDbType.Integer));
        Cmd.Parameters["TITLES_NAME"].Value = TITLES_NAME.Text;
        Cmd.Parameters["TITLES_EMAIL"].Value = TITLES_EMAIL.Text;
        Cmd.Parameters["TITLES_SUBJECT"].Value = TITLES_SUBJECT.Text;
        Cmd.Parameters["TITLES_CONTENT"].Value = TITLES_CONTENT.Text;
        Cmd.Parameters["TITLES_NUM"].Value = 0;
        Cmd.ExecuteNonQuery();
        Conn.Close();
    //打开数据库并绑定数据
        openData();
    }
</script>
<html>
<head>
<link href="style.css" rel="stylesheet" type="text/css" />
<title>BBS 论坛系统</title>
</head>
<body>
<form runat="server">
    <br /><br />
    <h3 align="center">BBS 论坛系统</h3>
    <hr />
    <asp:DataGrid runat="server" ID="MyGrid"
        AllowPaging="true"
        PageSize="6"
        OnPageIndexChanged="ChangePage"
        PagerStyle-Mode="NumericPages"
        PagerStyle-HorizontalAlign="Right"
        AlternatingItemStyle-BackColor="#FFFFCC"
        GridLines="None"
        border="0"
        CellSpacing="2"
        CellPadding="4"
        AutoGenerateColumns="false"
        width="98%" Font-Size="12px" HorizontalAlign="Center" ForeColor="#404040">
```

```
    <columns>
        <asp:HyperLinkColumn DataTextField="TITLES_SUBJECT"
        HeaderText="主题"
        DataNavigateUrlField="TITLES_ID"
        DataNavigateUrlFormatString="Detail.aspx?TITLES_ID={0}" />
    <asp:BoundColumn DataField="TITLES_NAME" HeaderText="发起人" />
    <asp:BoundColumn DataField="TITLES_DATE" HeaderText="日期" />
    <asp:BoundColumn DataField="TITLES_NUM" HeaderText="回帖数" />
    </columns>
    <PagerStyle BackColor="#C0C000" HorizontalAlign="Right" Mode="NumericPages" />
    <AlternatingItemStyle BackColor="#FFFFCC" />
    <HeaderStyle BackColor="LightGreen" Font-Bold="True" Font-Size="13px"
    ForeColor="#FF8000" HorizontalAlign="Center" VerticalAlign="Middle" />
</asp:DataGrid>
<fieldset style="width:65%; "><legend align="left" style="font-weight:bold;" >
发起主题</legend>
<table  border="0" cellpadding="0" cellspacing="0">
  <tr>
    <td width="16%" align="right">姓名: </td>
    <td >
 <asp:TextBox runat="server" id="TITLES_NAME" />
 <asp:RequiredFieldValidator runat="server" Text="*"ControlToValidate="TITLES_
 NAME"/></td>
  </tr>
  <tr>
    <td align="right">Email: </td>
    <td>
 <asp:TextBox runat="server" id="TITLES_EMAIL" />
 <asp:RequiredFieldValidator  runat="server"  Text="*"  ControlToValidate=
 "TITLES_EMAIL" />
 <asp:RegularExpressionValidator runat="server" ControlToValidate= "TITLES_EMAIL"
 Text="Email 要符合规范"
    ValidationExpression=".{1,}@.{3,}" Display="Dynamic" />
 </td>
  </tr>
  <tr>
    <td align="right">主题: </td>
    <td><asp:TextBox runat="server" id="TITLES_SUBJECT" Size="60" />
     <asp:RequiredFieldValidator runat="server" Text="*" ControlToValidate=
```

```
        "TITLES_SUBJECT" />
    </td>
     </tr>
     <tr>
       <td align="right" valign="top">内容: </td>
       <td><asp:TextBox id="TITLES_CONTENT" runat="server" Rows="6" Columns="60"
       TextMode="MultiLine" />
        <asp:RequiredFieldValidator runat="server" Text="*" ControlToValidate=
        "TITLES_CONTENT" />
    </td>
     </tr>
     <tr align="center">
       <td colspan="2"><asp:Button id="Button" Text="发表主题" runat="server"
       onclick="Ender" /></td>
       </tr>
   </table>
   </fieldset>
</form>
</body>
</html>
```

浏览网页，发起主题，可以看到如图 10–6 所示的页面。

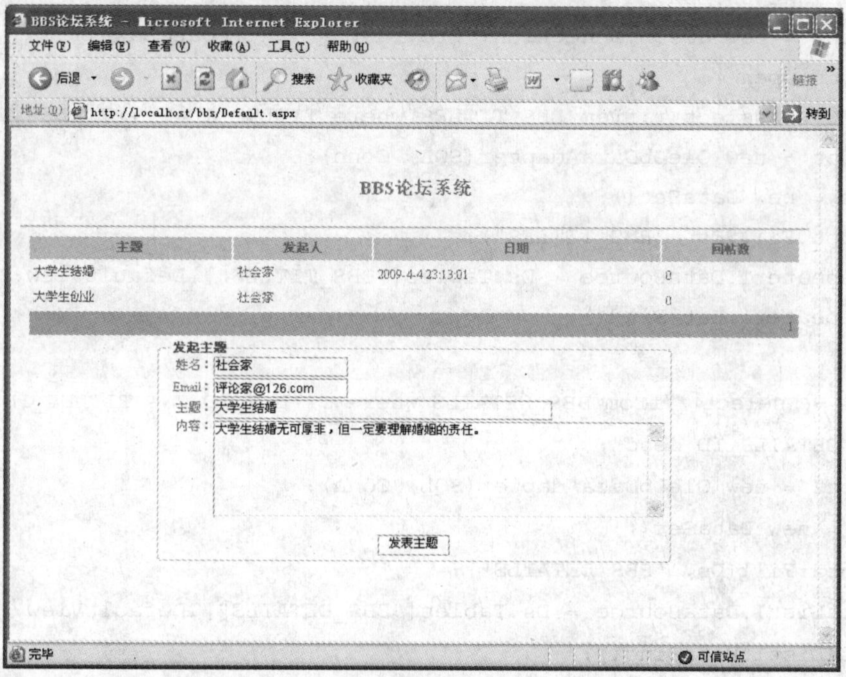

图 10–6　论坛首页

跟帖页面 detail.aspx 代码

```
<%@ Page Language="C#" Debug="true" %>
<%@ Import NameSpace="System.Data" %>
<%@ Import NameSpace="System.Data.OleDb" %>
<script runat="server">
    string Provider;
    string DataBase;
   //初始化子程序
    void Page_Load(object sender, System.EventArgs e)
    {
        Provider="Provider=Microsoft.Jet.OLEDB.4.0";
        DataBase="Data Source="+ Server.MapPath("./") + "DataBase/bbs.mdb";
        if (!IsPostBack)
            openData();
    }
    //打开数据库并绑定数据
    void openData()
    {
        int TITLES_ID = Convert.ToInt32(Request["TITLES_ID"]);
        string SQL;
        OleDbConnection Conn;
        OleDbDataAdapter Adpt,Adpt2;
        DataSet Ds,Ds2;
        Conn = new OleDbConnection( Provider + ";" + DataBase );
        Conn.Open();
        SQL = "select * from BBS_TITLES where TITLES_ID=" + TITLES_ID;
        Adpt = new OleDbDataAdapter(SQL, Conn);
        Ds = new DataSet();
        Adpt.Fill(Ds, "BBS_TITLES");
        Repeater1.DataSource = Ds.Tables["BBS_TITLES"].DefaultView;
        Repeater1.DataBind();

       SQL = "select * from BBS_DETAILS where TITLES_ID=" + TITLES_ID + " order
       by DETAILS_ID desc";
       Adpt2 = new OleDbDataAdapter(SQL, Conn);
       Ds = new DataSet();
       Adpt2.Fill(Ds, "BBS_DETAILS");
       DataList1.DataSource = Ds.Tables["BBS_DETAILS"].DefaultView;
       DataList1.DataBind();
     }
```

```
    //写入帖子信息子程序
    void Ender(Object sender , EventArgs e)
    {
        OleDbConnection Conn;
        OleDbCommand Cmd;
        string SQL;
        int TITLES_ID= Convert.ToInt32(Request["TITLES_ID"]);
        Conn = new OleDbConnection( Provider + ";" + DataBase );
        Conn.Open();
        SQL = "insert into BBS_DETAILS (DETAILS_NAME, DETAILS_EMAIL, DETAILS_SUBJECT,
        DETAILS_CONTENT, TITLES_ID)values (?, ?, ?, ?, ?)";
        Cmd = new OleDbCommand( SQL, Conn );
        Cmd.Parameters.Add( new OleDbParameter("DETAILS_NAME",OleDbType.Char,255));
        Cmd.Parameters.Add( new OleDbParameter("DETAILS_EMAIL",OleDbType.Char,255));
        Cmd.Parameters.Add( new OleDbParameter("DETAILS_SUBJECT",OleDbType.VarChar));
        Cmd.Parameters.Add( new OleDbParameter("DETAILS_CONTENT",OleDbType.VarChar));
        Cmd.Parameters.Add( new OleDbParameter("TITLES_ID",OleDbType.Integer));
        Cmd.Parameters[0].Value = DETAILS_NAME.Text;
        Cmd.Parameters[1].Value = DETAILS_EMAIL.Text;
        Cmd.Parameters[2].Value = DETAILS_SUBJECT.Text;
        Cmd.Parameters[3].Value = DETAILS_CONTENT.Text;
        Cmd.Parameters[4].Value = TITLES_ID;
        Cmd.ExecuteNonQuery();
        SQL = "Update BBS_TITLES set TITLES_LASTPOSTDATE=Now(),TITLES_NUM=
        TITLES_NUM+1 where TITLES_ID="+TITLES_ID;
        Cmd = new OleDbCommand(SQL, Conn);
        Cmd.ExecuteNonQuery();
        Conn.Close();
        openData();
    }
</script>
<html>
<head>
<meta http-equiv="Content-Type" content="text/html; charset=gb2312">
<title>BBS论坛主题</title>
<link href="style.css" rel="stylesheet" type="text/css" />
</head>
<body>
<form runat="server">
  <br /><br />
```

```
<h3 align="center">BBS 论坛主题</h3>
<div style=" text-align:right; width:98%"><a href="Default.aspx">返回主题列
表</a></div>
<hr />
<table width="100%" cellspacing="0" cellpadding="0">
   <tr><td height="25" align="center" bgcolor="#90EE90">BBS 主题</td></tr>
</table>
<asp:Repeater runat="server" ID="Repeater1">
   <itemtemplate>
      <table width="100%" cellpadding="4" cellspacing="0">
         <tr>
            <td bgcolor="#ffffcc">主题: <%# DataBinder.Eval(Container.DataItem,
            "TITLES_SUBJECT") %></td>
         </tr>
         <tr>
            <td bgcolor="#ffffcc"> 发起人: <%# DataBinder.Eval (Container.
            DataItem, "TITLES_NAME") %> 
                        Email: <%# DataBinder.Eval(Container.DataItem,
                        "TITLES_NAME") %> 
                        日期: <%# DataBinder.Eval(Container.DataItem,
                        "TITLES_NAME") %>
            </td>
         </tr>
         <tr>
            <td><br /> <%# DataBinder.Eval(Container.DataItem,"TITLES_NAME")%>
            <br /> <br /></td>
         </tr>
      </table>
   </itemtemplate>
</asp:Repeater>
 <table width="100%" cellspacing="0" cellpadding="0">
   <tr><td height="25" align="center" bgcolor="#90EE90">BBS 跟帖列表</td></tr>
</table>
<asp:DataList runat="server" id="DataList1" width="100%">
   <itemtemplate>
      <table width="100%" cellpadding="4" cellspacing="4">
         <tr>
            <td bgcolor="#ffcccc">
                <%# DataBinder.Eval(Container.DataItem,"DETAILS_SUBJECT")%>
              跟帖人: <%# DataBinder.Eval(Container.DataItem,"DETAILS_NAME")%>
               
```

```
                Email: <%# DataBinder.Eval(Container.DataItem,"DETAILS_EMAIL")%>
                 
                日期: <%# DataBinder.Eval(Container.DataItem,"DETAILS_CREATEDATE")%>
              </td>
            </tr>
            <tr>
              <td><br />  <%# DataBinder.Eval(Container.DataItem,"DETAILS_
              CONTENT")%> <br /> </td>
            </tr>
          </table>
        </itemtemplate>
    </asp:DataList>
    <fieldset style="width:65%; "><legend align="left" style="font-weight:bold;" >
    我要跟帖</legend>
    <table  border="0" cellpadding="0" cellspacing="0">
        <tr>
            <td width="31%" align="right">姓名: </td>
            <td width="69%">
                <asp:TextBox runat="server" id="DETAILS_NAME" />
               <asp:RequiredFieldValidator id="RequiredFieldValidator1" runat=
               "server" Text="*" ControlToValidate="DETAILS_NAME" /></td>
        </tr>
        <tr>
            <td align="right">Email: </td>
            <td>
                <asp:TextBox runat="server" id="DETAILS_EMAIL" />
                <asp:RequiredFieldValidator id="RequiredFieldValidator2" runat=
                "server" Text="*" ControlToValidate="DETAILS_EMAIL" />
                <asp:RegularExpressionValidator  ID="RegularExpressionValidator1"
                runat="server" ControlToValidate="DETAILS_EMAIL" Text="EMAIL 要符
                合规范"
                ValidationExpression=".{1,}@.{3,}" Display="Dynamic"/>
            </td>
        </tr>
        <tr>
            <td align="right">主题: </td>
            <td><asp:TextBox runat="server" id="DETAILS_SUBJECT" Size="60" />
                <asp:RequiredFieldValidator id="RequiredFieldValidator3" runat=
                "server" Text="*" ControlToValidate="DETAILS_SUBJECT" />
            </td>
        </tr>
```

```
        <tr>
            <td align="right">内容: </td>
            <td><asp:TextBox id="DETAILS_CONTENT" runat="server" Rows="6" Columns=
            "60" TextMode="MultiLine" />
                <asp:RequiredFieldValidator id="RequiredFieldValidator4" runat=
                "server" Text="*" ControlToValidate="DETAILS_CONTENT" />
            </td>
        </tr>
        <tr align="center">
            <td colspan="2"><asp:Button id="Button" Text="发布帖子" runat="server"
            onclick="Ender" /></td>
        </tr>
    </table>
    </fieldset>
</form>
</body>
</html>
```

在主页中，单击主题链接，进入跟帖页面，填写发帖信息，可以看到如图 10–7 所示的页面。

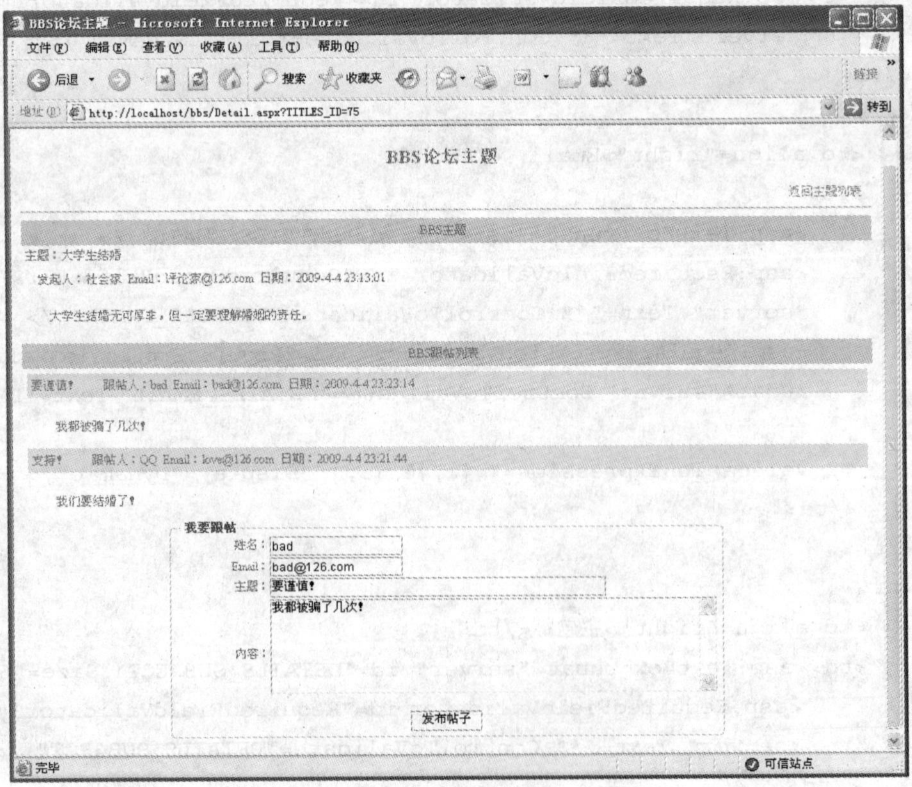

图 10–7 跟帖页面

在此页面中使用了 Repeater、DataList 控件，其中绑定数据的方法为：

```
<%# DataBinder.Eval (Container.DataItem, "DETAILS_SUBJECT") %>
                    跟帖人：<%# DataBinder.Eval (Container.DataItem, "DETAILS_
                    NAME") %> 
                    Email：<%# DataBinder.Eval (Container.DataItem, "DETAILS_
                    EMAIL") %> 
                    日期：<%# DataBinder.Eval (Container.DataItem, "DETAILS_
                    CREATEDATE") %>。
```

Repeater、DataList 控件的详细用法可以参考前面的相关介绍。

10.3　实验三　在线考试系统

基本数据库的 B/S 网上考试系统的应用越来越广泛，下面来简单介绍以下在线考试系统的实现。本例中采用 XML 数据存储格式，下面说明开发在线考试系统的方法，并进一步研究 XML 文件在数据存储与交换方面的用途。另外开发本实例将采用 VB.NET 语言，以便对其有一定了解。

具体操作步骤如下。

（1）分析在线考试系统的功能需求。

（2）设计并创建数据库。

（3）设计配置应用程序并编写代码。

1. 分析在线考试系统的功能需求

（1）实现动态生成试卷的功能。试题由数据源中读出，并显示在前台页面，用户可以选择答案，内容包括试题题目、试题备选答案，能够显示考试题目的总个数，记录完成试卷的时间。

（2）实现自动阅卷的功能。当用户答完试卷后，系统能够自动判断用户答案的正确与否。

在线考试系统功能图如图 10–8 所示。

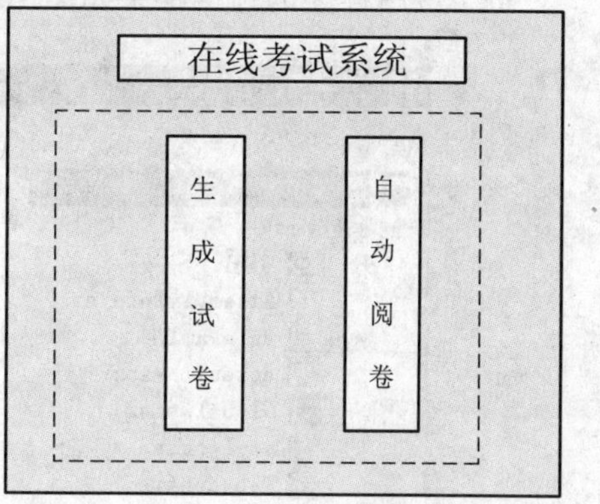

图 10–8　系统功能图

2. 设计并创建数据库

（1）由需求分析得知，系统需要对试题信息进行数据存储（包括试题选项答案、正确答案）。

（2）建立数据表。本例后台数据库采用 XML 文件存储（data.xml），包括试题信息存储，其数据结构如下所示：

```
<?xml version="1.0" encoding="gb2312"?>
<quiz xmlns : xsi="http : //www.w3.org/2001/XMLSchema-instance" xsi :
noNamespaceSchemaLocation="quiz.xsd">
    <mchoice>
    <question>执行完 a=5 Mod 3 语句后，a 的值为?</question>
```

```
    <answer>0</answer>
    <answer>2</answer>
    <answer>3</answer>
    <answer correct="yes">5</answer>
    </mchoice>
  ⋮
</quiz>
```

在上面的文件中，<quiz>表示文件的根节点，每个<mchoice>节点表示一道试题，<question>节点表示问题的题目，<answer>节点表示问题的选项，属性 correct 表示是否为正确答案，取值为 yes 表示该项正确。

3. 设计配置应用程序并编写代码

（1）系统文件说明。留言与管理系统设计主要包括 5 个文件，具体说明如下。

Default.aspx：在线考试系统布局与控制页面。该页内显示试题内容并包含如何判断用户答案、分析结果等代码。

data.xml：XML 文件，主要存储考试试题与答案。

style.css：样式文件，主要对 Default.aspx 文件进行布局设计。

（2）建立虚拟目录，或者在 Visual Studio，NET 2003 中建立一个 Web 应用程序，操作方法参考第 1 章介绍。注意选择 VB.NET 项目，使用 VB.NET 语言开发此系统。

整个应用程序的结构框架如图 10–9 所示。

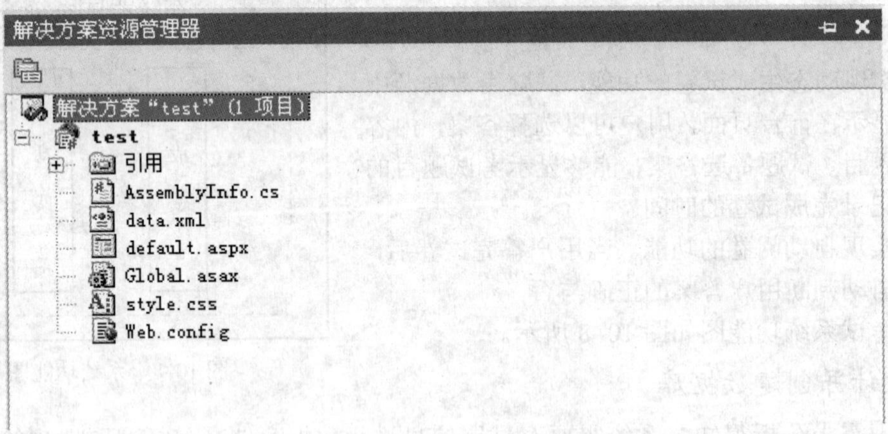

图 10–9 应用程序的结构框架图

代码如下：

```
<%@ Page %>
<%@ Import Namespace="System.Xml" %>
<script language="VB" runat="server">
    '定义 XML 数据变量及其他常用变量
    Dim strXmlFilePath As String = Server.MapPath("data.xml")
```

```
Dim xDoc As XmlDocument = New XmlDocument()
Dim intTotalQuestion As Integer
Dim intQuestionNo As Integer = 1
Dim intScore As Integer = 0
Dim arrAnswerHistory As New ArrayList()
'试卷初始化
Sub Page_Load(ByVal src As Object, ByVal e As EventArgs)
    '载入 XML 数据
    xDoc.Load(strXmlFilePath)
    '初始化试题页面
    If Not Page.IsPostBack Then
        '获取试题总数
        intTotalQuestion = xDoc.SelectNodes("/quiz/mchoice").Count
        '获取开始考试时间
        ViewState("StartTime") = DateTime.Now
        '调用 ShowQuestion 子程序，显示第 1 题
        ShowQuestion(intQuestionNo)
    End If
End Sub
'分析答题
Sub Enter(ByVal src As Object, ByVal e As EventArgs)
    '获取各个参数值
    intTotalQuestion = ViewState("TotalQuestion")
    intQuestionNo = ViewState("QuestionNo")
    intScore = ViewState("Score")
    arrAnswerHistory = ViewState("AnswerHistory")
    '判断答题是否正确
    If rblAnswer.SelectedItem.Value = ViewState("CorrectAnswer") Then
        intScore += 1
        arrAnswerHistory.Add(0)
    Else
        arrAnswerHistory.Add(rblAnswer.SelectedItem.Value)
    End If
    '结束考试，隐藏试卷并显示结果页面
    If intQuestionNo = intTotalQuestion Then
        question.Visible = False
        result.Visible = True
        '调用显示结果子程序
        ShowResult()
```

```
        Else
            '显示下一题
            question.Visible = True
            result.Visible = False
            intQuestionNo += 1
            '显示下一题试题内容
            ShowQuestion(intQuestionNo)
        End If
    End Sub
    '显示下一题子程序
    Sub ShowQuestion(ByVal intQuestionNo As Integer)
        Dim xNodeList As XmlNodeList
        Dim xNodeAttr As Object
        Dim strXPath As String
        Dim i As Integer
        Dim tsTimeSpent As TimeSpan
        strXPath = "/quiz/mchoice[" & intQuestionNo.ToString() & "]"
        '提取试题题干
        lblQuestion.Text = intQuestionNo.ToString() & ". " & xDoc.SelectSingleNode
        (strXPath & "/question").InnerXml
        '提取试题选项
        xNodeList = xDoc.SelectNodes(strXPath & "/answer")
        '清除前一题内容
        rblAnswer.Items.Clear()

        For i = 0 To xNodeList.Count - 1
            '添加单选项
            rblAnswer.Items.Add(New ListItem(xNodeList.Item(i).InnerText, i + 1))
            '提取正确答案项
            xNodeAttr = xNodeList.Item(i).Attributes.ItemOf("correct")
            If Not xNodeAttr Is Nothing Then
                If xNodeAttr.Value = "yes" Then
                    ViewState("CorrectAnswer") = i + 1
                End If
            End If
        Next
        '显示所有试题
        lblTotalQuestion.Text = intTotalQuestion
        '显示时间
```

```
    tsTimeSpent = DateTime.Now.Subtract(ViewState("StartTime"))
    lblTimeSpent.Text = tsTimeSpent.Minutes.ToString() & ":" & tsTimeSpent.
    Seconds.ToString()
    '存储答题数据
    ViewState("TotalQuestion") = intTotalQuestion
    ViewState("Score") = intScore
    ViewState("QuestionNo") = intQuestionNo
    ViewState("AnswerHistory") = arrAnswerHistory
End Sub
'显示结果子程序
Sub ShowResult()
    Dim strResult As String
    Dim intCompetency As Integer
    Dim i As Integer
    Dim strXPath As String
    Dim tsTimeSpent As TimeSpan
    tsTimeSpent = DateTime.Now.Subtract(ViewState("StartTime"))
    strResult = "<div style='text-align:left; width:90%;'><h3>考试成绩</h3>"
    strResult += "总题数： " & intTotalQuestion.ToString()
    strResult += "<br>正确题数：" & intScore.ToString()
    strResult += "<br>正确率： " & Int(intScore / intTotalQuestion * 100).
    ToString() & "%"strResult += "<br>用时：" & tsTimeSpent.Minutes. ToString()
    & ":" & tsTimeSpent.Seconds.ToString() & "秒"
    strResult += "<h3>试题分析</h3>"
    For i = 1 To intTotalQuestion
        strXPath = "/quiz/mchoice[" & i.ToString() & "]"
        strResult += "<b>" & i.ToString() & ". " & xDoc.SelectNodes(strXPath
        & "/question").Item(0).InnerXml & "</b><br>"
        If arrAnswerHistory.Item(i - 1) = 0 Then
            strResult += "<font color=""write""><b>回答正确！</b></font> <br>
            <br>"
        Else
            strResult += "<b>您的答案:</b> " & xDoc.SelectNodes(strXPath &
            "/answer[" & arrAnswerHistory.Item(i - 1).ToString() &
            "]").Item(0).InnerXml
            strResult += " <font color=""red""><b>错误</b></font><br><br>"
        End If
    Next
    strResult += "</div>"
```

```
        message.Text = strResult
    End Sub
</script>

<html>
<head>
<title>在线考试系统</title>
<meta http-equiv=content-type content="text/html; charset=gb2312">
<link href="style.css" type="text/css" rel="stylesheet">
</head>
<body>
<br /><br />
<h2>在线考试系统</h2>
<hr />
<span id="question" runat="server">
    <form runat="server">
        <table width="90%" border="0" align="center" cellpadding="2" cellspacing="0">
            <tr>
                <td colspan="2" bgColor=#ffffff>
                    <b><asp:label id="lblQuestion" runat="server" /></b><br>
                    <asp:radiobuttonlist
                        id="rblAnswer"
                        RepeatDirection="vertical"
                        TextAlign="right"
                        RepeatLayout="table"
                        runat="server" />
                    <asp:requiredfieldvalidator ID="req"
                        ControlToValidate="rblAnswer" Display="Dynamic"
                        ErrorMessage="请选择答案!"
                        runat="server" /><br />
                    <asp:button id="btnSubmit" class="button" text=" 下 一 题 "
                    onClick="Enter" runat="server" />
                </td>
            </tr>
            <tr>
                <td width="30%">
                    总计 <asp:label id="lblTotalQuestion" runat="server" /> 问题
                </td>
                <td>
```

```
                用时 <asp:label id="lblTimeSpent" runat="server" /> 秒
            </td>
        </tr>
    </table>
  </form>
</span>
<span id="result" runat="server">
  <asp:Label id="message" runat="server" />
</span>
</body>
</html>
```

可以通过以上代码了解 VB.NET 语言的语法，进一步掌握对 XML 的操作。运行结果如图 10–10 所示。

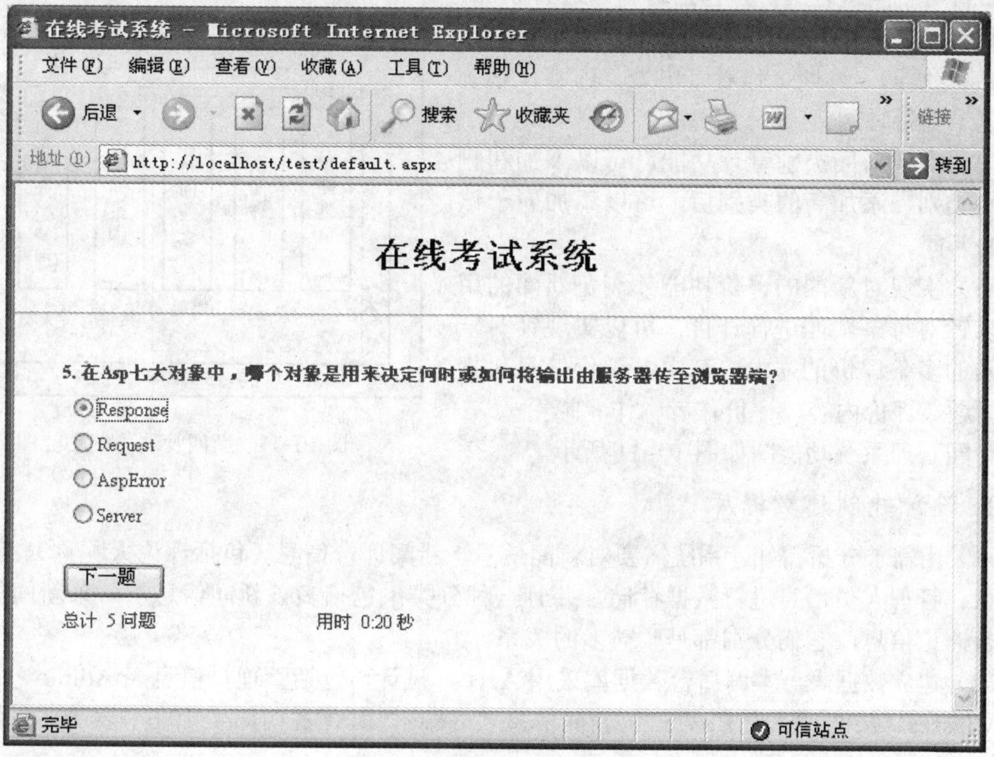

图 10–10　在线考试系统

10.4　实验四　新闻发布系统

现在企业都会建立自己的网站，企业网站作为企业的形象展示和对外宣传的窗口尤为重要。通过宣传企业文化、展示产品、发布最新动态信息，与用户进行交流和沟通，与合作伙件建立联系，以及开展电子商务等。其中新闻管理模块是构成企业网站的一个重要组成部分。

新闻管理的逻辑关系和层次结构对于初学者来说相对复杂些。在此实例中，综合运用ASP.NET 和 AOD.NET 技术，实现了网站新闻的动态管理，使得对信息的管理更加及时、高效。

具体操作步骤如下。

（1）分析新闻管理系统的功能需求。

（2）设计并创建数据库。

（3）设计程序流程图。

（4）设计配置应用程序并编写代码。

1. 分析新闻管理系统的功能需求

（1）实现新闻浏览功能。能够将企业发布的新闻以列表的形式展示给用户，并且用户可以通过超链接查看新闻的具体信息。

（2）实现新闻站内搜索功能。能够对全站内的各种新闻信息进行模糊搜索。

（3）实现新闻维护功能。系统管理人员可以登录后台对新闻进行维护，包括对新闻进行添加、修改和删除。其中新闻信息包括分类（如国内、国外、财经等）、标题、作者、出处、内容，系统自动记录更新时间。

（4）实现新闻类别管理功能。可以添加和删除新闻类别，添加新的类别后，可以添加属于该类别的新闻。

（5）实现对新闻的评价功能。浏览新闻的用户可以针对每条新闻进行评价，可以实现针对一条新闻的多条评价的需求。其中，评价信息包括评价标题、评价内容、评价作者、作者邮箱。

新闻管理系统功能图如图 10–11 所示。

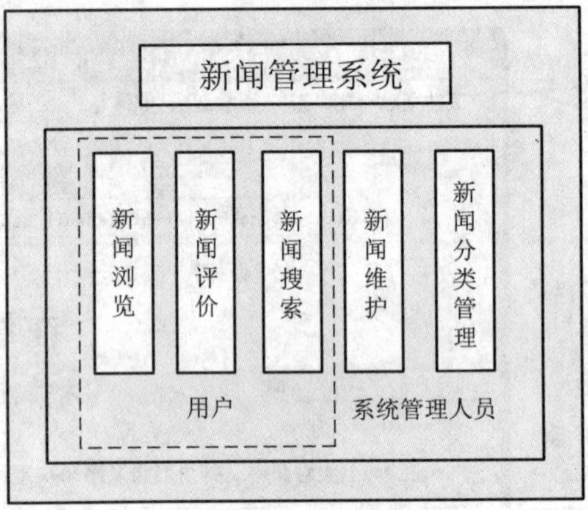

图 10–11 新闻管理系统功能图

2. 设计并创建数据库

（1）由需求分析得知，系统需要对新闻信息、新闻评价信息（包括评论人昵称）、新闻分类信息、管理人员信息进行数据存储，并且一种分类下包括多条新闻信息，一条新闻信息对应多条评论信息，它们分别都是一对多的关系。

（2）建立数据表。本例后台数据库采用 Access 设计，包括管理员信息表 Admin、新闻分类表 Classes、新闻评论表 ReView、新闻信息表 News，具体说明如表 10.6～表 10.9 所示。

表 10.6 管理员信息表 Admin 说明

字 段	类 型	说 明
id	自动编号	管理员信息自动编号
username	文本	用户姓名
password	文本	用户密码
Email	文本	用户邮箱

表 10.7　新闻分类信息表 Classes 说明

字　段	类　型	说　明
ClassesID	自动编号	分类自动编号
ClassName	文本	分类名称

表 10.8　新闻分类信息表 News 说明

字　段	类　型	说　明
NewsID	自动编号	新闻自动编号
ClassesID	长整型数字	新闻分类编号
Title	文本	新闻标题
Author	文本	新闻作者
Original	文本	新闻出处
UpdateTime	日期/时间	新闻更新时间
Content	备注	新闻内容

表 10.9　新闻分类信息表 News 说明

字　段	类　型	说　明
ReViewID	自动编号	新闻评价自动编号
NewsID	长整型数字	新闻编号
ReViewTitle	文本	评价标题
Content	备注	评价内容
Author	文本	评价作者
Email	文本	作者邮箱

按照以上信息在 Access 中创建数据库。

3. 设计程序流程图

整个应用程序包括前台与后台两大模块。前台模块用于信息显示，后台模块用于信息管理，程序流程图如图 10–12 所示。

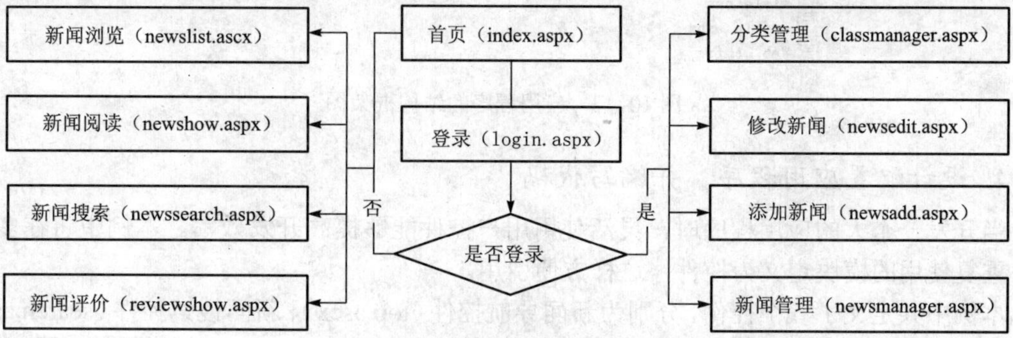

图 10–12　程序流程图

除了设计以上个文件外，系统还需要添加以下文件。

style.css：样式表文件，用于对系统界面进行布局。

news.mdb：Access 文件，用于后台数据的管理。

top.ascx：用户控件，用来制作系统导航菜单。

footer.ascx：用户控件，用于制作版权信息。

main.ascx：用户控件，用于后台管理导航条。

review.ascx：用户控件，用于新闻评价与评价显示。

search.ascx：用户控件，用于新闻搜索模块。

整个应用程序的结构框架如图 10–13 所示。应用程序后台管理默认用户名为 demo，默认密码为 demo，可以在数据库的 Admin 表中修改用户名和密码。

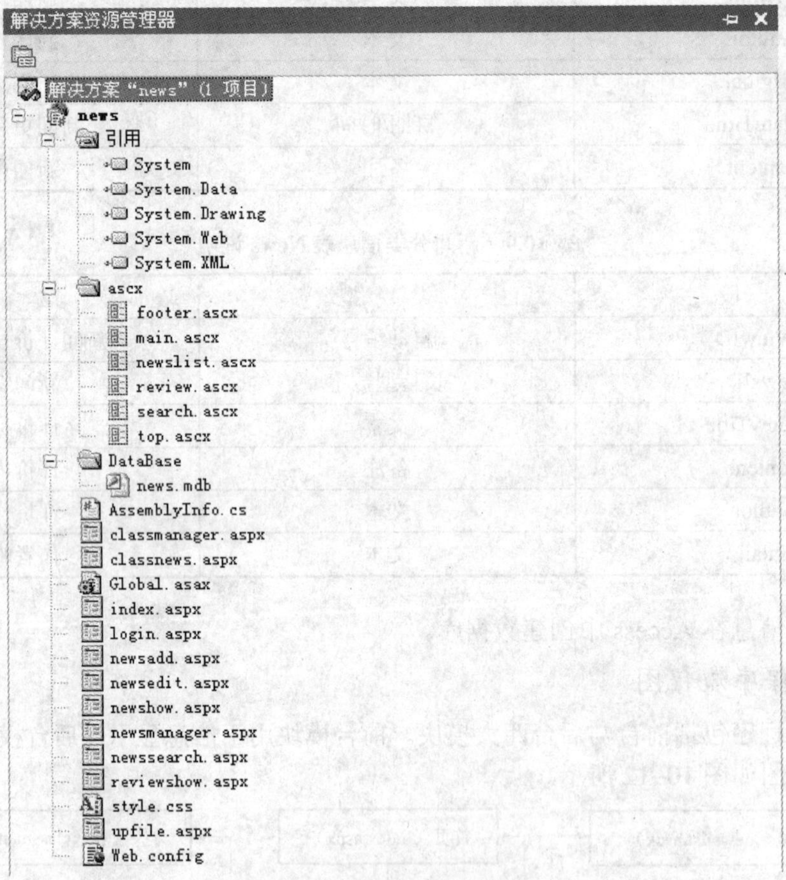

图 10–13 应用程序的结构框架图

4. 设计配置应用程序，并编写代码

当开发一个大的应用程序时，灵活使用用户控件能够提高开发效率。本例中将在多个页面内重复使用的模块定义为控件，这样方便引用。

本例中共定义了 6 个控件，分别为新闻导航控件（top.ascx）、新闻搜索控件（search.ascx）、新闻评价控件（review.ascx）、显示版权信息控件（footer.ascx）、显示后台管理菜单控件

(main.ascx)、显示最新新闻列表控件（newslist.ascx）。

top.ascx 控件代码如下：

```
<%@ Import Namespace="System.Data" %>
<%@ Import Namespace="System.Data.OleDb" %>
<script language="C#" runat="server">
   string sql="";
   OleDbConnection myconn;
   OleDbCommand myCmd;
   //定义数据查询子程序
   DataView getdataview(string sql,string strtable)
   {
      OleDbDataAdapter myDataAdapter;
      DataSet myDataSet;
      myconn.Open();
      myDataAdapter = new OleDbDataAdapter(sql, myconn);
      myconn.Close();
      myDataSet = new DataSet();
      myDataAdapter.Fill(myDataSet, strtable);
      DataView dv = new DataView(myDataSet.Tables[strtable]);
      return dv;
   }
   //调用 getdataview 子程序，并把所查询的数据绑定到 NewsList 控件中
   void Page_Load(object sender, System.EventArgs e)
   {
      string strConn="";
      strConn = "Provider=Microsoft.Jet.OLEDB.4.0;Data Source=" + Server.
      MapPath("./") + "DataBase/news.mdb";
      myconn = new OleDbConnection(strConn);
     if (!Page.IsPostBack)
     {
         sql = "select * from Classes";
         DataView Classesview = getdataview(sql, "Classes");
         NewsList.DataSource = Classesview;
         NewsList.DataBind();
     }
   }
</script>
<table align=center cellpadding=0 cellspacing=0 style="border-bottom: #6595d6
1px solid; width: 778px">
```

```
    <tr>
        <td width="100%">
            <span   style="font-size:24px;color:'#6595d6';padding:10px   30px;
            width:710px;text-align:left;">新闻发布与管理系统</span>
            <a href="./login.aspx">后台管理</a>
        </td>
    </tr>
    <tr>
        <td height=22 background="pic/border1.gif">
            <img align=absMiddle src="pic/navspacer.gif" width="7" height="18">
            <a class="tomg" href="./index.aspx">首页</a>
            <img align=absMiddle src="pic/navspacer.gif" width="7" height="18">
            <asp:Repeater id="NewsList" runat="server">
              <ItemTemplate>
                  <a class="tomg" href="classnews.aspx?Classesid=<%# DataBinder.Eval
                  (Container.DataItem,"Classesid")%>">
                  <%# DataBinder.Eval(Container.DataItem,"Classesname")%>
                        </a>
                        <img align=absMiddle src="pic/navspacer.gif" width="7"
                        height="18">
                    </ItemTemplate>
                  </asp:Repeater>
        </td>
    </tr>
</table>
```

search.ascx 控件代码如下:

```
<%@ Control Language="C#" %>
<link href="style.css" type="text/css" rel="Stylesheet"  />
<script language="JavaScript">
function searchcheck()
{
    if (document.newssearch.keyword.value=="")
    {
        alert("请输入关键词！");
        document.newssearch.keyword.focus();
        return false;
    }
```

```
}
</script>
<table width="100%" cellpadding="2px" cellspacing="0" style="border:1px solid
#6699FF;">
<form action="newssearch.aspx" name="newssearch" onSubmit="return
searchcheck();">
   <tr>
      <td bgcolor="#6699FF"><font color="#FFFFFF">  :::: 新 闻 搜
      索::::</font></td>
   </tr>
   <tr>
      <td><span style="color:#999;">请输入关键词: </span></td>
   </tr>
   <tr>
      <td align="center">
<input type="text" name="keyword" class="smallInput">
<input type="submit" class="buttonface" name="Submit" value="搜索">
      </td>
   </tr>
</form>
</table>
```

review.ascx 控件代码如下：

```
<%@ Import Namespace="System.Data" %>
<%@ Import Namespace="System.Data.OleDb" %>
<script language="C#" runat="server">
   string oksql="";
   int newsid;
   OleDbConnection myConn;
   OleDbCommand myCmd;
   OleDbDataAdapter myDataAdapter;
   DataSet myDataSet;
   //执行 SQL 字符串子程序
   void executesql(string sql)
   {
      myCmd = new OleDbCommand(sql, myConn);
      myConn.Open();
      myCmd.ExecuteNonQuery();
      myConn.Close();
```

```
}
//获取数据库中的数据
DataView getdataview(string sql,string strTable)
{
    myConn.Open();
    myDataAdapter = new OleDbDataAdapter(sql, myConn);
    myConn.Close();
    myDataSet = new DataSet();
    myDataAdapter.Fill(myDataSet, strTable);
    DataView dv = new DataView(myDataSet.Tables[strTable]);
    return dv;
}
//绑定数据
void bindgrid()
{
    oksql = "select * from ReView where NewsID=" + Page.Request["newsid"] +
    "order by ReviewID desc";
    newsreview.DataSource = getdataview(oksql, "pinglun");
    newsreview.DataBind();
}
//初始化子程序
void Page_Load(object sender, System.EventArgs e)
{
    string strConn;
    strConn = "Provider=Microsoft.Jet.OLEDB.4.0;Data Source=" + Server.
    MapPath("./") + "DataBase/news.mdb";
    myConn = new OleDbConnection(strConn);
    if (!Page.IsPostBack)
    {
        newsid = Convert.ToInt32( Page.Request["newsid"]);
        bindgrid();
    }
}
//回写用户评价信息
void btnadd_click(object sender, System.EventArgs e)
{
    oksql = "insert into ReView(ReviewTitle,Author,Email,Content,NewsID)
    values('" + title.Text + "','" + author.Text + "','" + email.Text + "','"+
    content.Text + "'," + Page.Request["newsid"] + ")";
    executesql(oksql);
    title.Text = "";
    author.Text = "";
```

```
        email.Text = "";
        content.Text = "";
        bindgrid();
    }
    //清除变量信息子程序
    void btncan_click(object sender, System.EventArgs e)
    {
        title.Text = "";
        author.Text = "";
        email.Text = "";
        content.Text = "";
    }
    //翻页子程序
    void changepage(object sender,DataGridPageChangedEventArgs e)
    {
        newsreview.CurrentPageIndex = e.NewPageIndex;
        bindgrid();
    }
</script>
<link href="style.css" type="text/css" rel="Stylesheet">
    <table width="100%" cellpadding="2" cellspacing="0" style="BORDER-RIGHT:
    #6699ff 1px solid; border-top:#6699ff 1px solid; border-left:#6699ff 1px
    solid; border-bottom:#6699ff 1px solid">
        <tr>
            <td bgcolor="#6699ff">
                  相关评论:(个人观点仅供参考)
            </td>
        </tr>
        <tr>
            <td>
            <asp:DataGrid  id="newsreview"  runat="server"  AutoGenerateColumns=
            "False" AllowPaging="true" PageSize="5"
            PagerStyle-HorizontalAlign="right"
            PagerStyle-Mode="NumericPages" OnPageIndexChanged="changepage"
            Width="100%" BorderColor="Black" BorderWidth="0" GridLines="Both"
            DataKeyField="ReViewID"
                    ShowHeader="False">
                    <Columns>
                        <asp:HyperLinkColumn       DataTextField="ReViewTitle"
                        DataNavigateUrlField="ReviewID"           Target="_new"
                        DataNavigateUrlFormatString="../reviewshow.aspx?revi
                        ewid={0}" />
```

```
                    </Columns>
                </asp:DataGrid>
            </td>
        </tr>
    </table>
    <br>
    <table width="100%" cellpadding="2" cellspacing="0" style="border-right:
    #6699ff 1px solid; border-top:#6699ff 1px solid; border-left:#6699ff 1px
    solid; border-bottom:#6699ff 1px solid">
        <tr>
            <td bgcolor="#6699ff">
                  发表评论:
            </td>
        </tr>
        <tr>
            <td>
                <table width="100%" border="0" cellspacing="0" cellpadding="0">
                    <tr>
                        <td width="16%" align="right">题目: </td>
                        <td>
                            <asp:TextBox id="title" Columns="50" MaxLength="50"
                            runat="server" /><font color="#ff0000">*</font>
                        </td>
                    </tr>
                    <tr>
                        <td align="right">作者: </td>
                        <td>
                        asp:TextBox  id="author"  Columns="10"  MaxLength="10"
                        runat="server" /><font color="#ff0000">*</font>
                        </td>
                    </tr>
                    <tr>
                        <td align="right">E-mail: </td>
                        <td>
                        <asp:TextBox  id="email"  Columns="20"  MaxLength="20"
                        Text=""  runat="server"  /><font  color="#ff0000">*
                        </font>
                        </td>
                    </tr>
                    <tr>
                        <td align="right" valign="top">内容: </td>
                        <td valign="top">
```

```
                    <asp:TextBox id="content" TextMode="MultiLine" Columns="54"
                    Rows="5"  runat="server"  /><font  color="#ff0000">*
                    </font></td>
                </tr>
            </table>
        </td>
    </tr>
    <tr>
        <td align="center">
            <asp:Button  id="butadd"  OnClick="btnadd_click"  Text="发表"
            runat="server" />
            <asp:Button  id="butcan"  OnClick="btncan_click"  Text="取消"
            runat="server" /></td>
    </tr>
    </table>
```

嵌入 review.ascx 控件的页面，实现对新闻的评价功能，如图 10–14 所示。

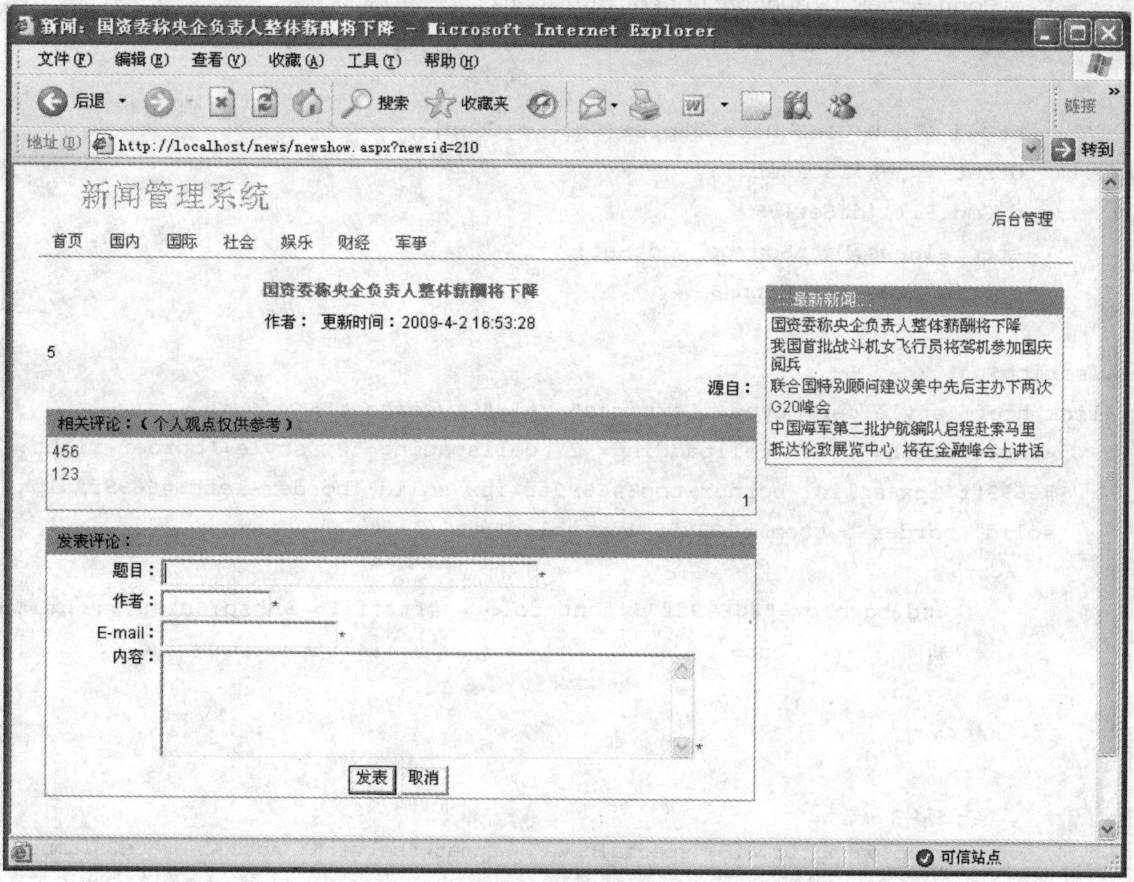

图 10–14　新闻评论

newslist.ascx 控件代码如下:

```
<%@ Import Namespace="System.Data" %>
<%@ Import Namespace="System.Data.OleDb" %>
<script Language="C#" runat="server">
  void Page_Load(object sender, System.EventArgs e)
  {
      string Sql="";
      OleDbConnection myConn;
      OleDbCommand myCmd, newscmd;
      OleDbDataAdapter dtCmd;
      DataSet dtSet;
      DataView dv;
      string strConn;
      strConn = "Provider=Microsoft.Jet.OLEDB.4.0;Data Source=" + Server.MapPath
      ("./") + "DataBase/news.mdb";
      myConn = new OleDbConnection(strConn);
      Sql = "select top 10 * from News order by UpdateTime DESC";

      dtCmd = new OleDbDataAdapter(Sql, myConn);
      dtSet = new DataSet();
      dtCmd.Fill(dtSet);
      specialnews.DataSource = dtSet;
      specialnews.DataBind()   ;
  }
</script>
<link href="style.css" type="text/css" rel="Stylesheet">
   <table width="100%" cellpadding="2" cellspacing="0" style="border-right:
   #6699ff 1px solid; border-top:#6699ff 1px solid; border-left:#6699ff 1px
   solid; border-bottom:#6699ff 1px solid">
      <tr>
         <td bgcolor="#6699ff"><font color="#ffffff">   ::::最新
         新闻:::: </font>
         </td>
      </tr>
      <tr>
         <td>
         <asp:datagrid ID="specialnews" runat="server" AutoGenerateColumns=
         "False" BorderColor="#6699FF" BorderWidth="0" GridLines="Both"
         AllowPaging="false" DataKeyField="NewsID" ShowHeader="false">
```

```
                <columns>
                <asp:hyperlinkcolumn DataTextField="Title" DataNavigateUrlField=
                "NewsID"
                DataNavigateUrlFormatString="../newshow.aspx?newsid={0}" />
                </columns>
            </asp:datagrid>
        </td>
    </tr>
    </table>
```

其中 index.aspx 页面中引入了 top.ascx、footer.ascx、search.ascx、newslist.ascx 这 4 个控件，代码如下：

```
<%@ Page Language="VB" Debug="true" %>
<%@ Import Namespace="System.Data" %>
<%@ Import Namespace="System.Data.OleDb" %>
<%@ Register TagPrefix="mynews" TagName="top" src="ascx/top.ascx"%>
<%@ Register TagPrefix="mynews" TagName="footer" src="ascx/footer.ascx"%>
<%@ Register TagPrefix="mynews" TagName="search" src="ascx/search.ascx"%>
<%@ Register Src="ascx/newslist.ascx" TagName="newslist" TagPrefix="mynews" %>

<html>
<head>
<title>新闻发布与管理系统</title>
<meta http-equiv="Content-Type" content="text/html; charset=gb2312">
<link href="style.css" type="text/css" rel="Stylesheet"  />
</head>

<body>
<mynews:top runat="server" ID="top1" />
<table    width="778px"    border="0"    align="center"    cellpadding="0"
cellspacing="6px">
    <tr>
        <td width="578px">
            <mynews:newslist ID="newslist1" runat="server"/>
        </td>
         <td width="200px" valign="top">
            <mynews:search ID="Search1" runat="server"/>
        </td>
    </tr>
```

```
</table>
<mynews:footer ID="End1" runat="server"/>
</body>
    </html>
```

浏览 index.aspx 页面，可以看到如图 10–15 所示的效果。

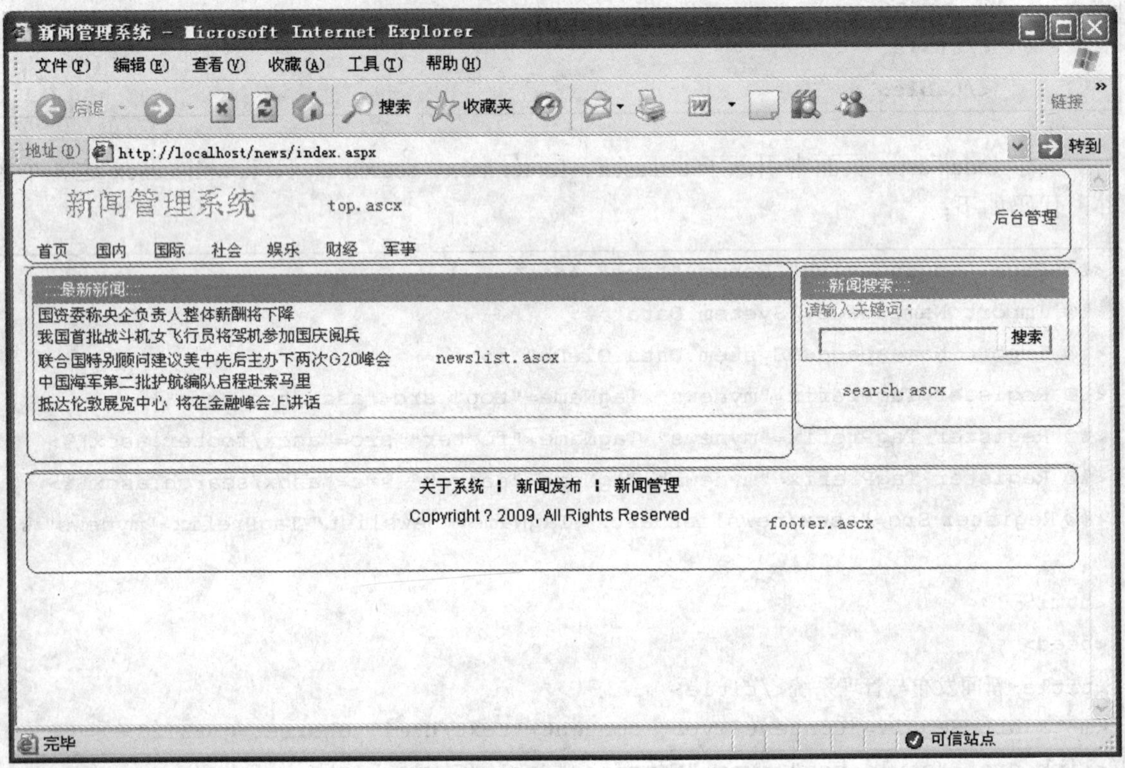

图 10–15 index.aspx 页面效果

新闻管理包括管理人员的身份验证、添加新闻、修改新闻、删除新闻、新闻分类管理等模块，详细说明如下。

login.aspx：登录文件，对新闻管理人员的身份进行验证，设计是否严密非常关键，下面是对从表单输入的信息进行判断的代码。

```
<%@ Page Language="C#" ContentType="text/html" %>
<%@ Import Namespace="System.Data"%>
<%@ Import Namespace="System.Data.OleDb"%>
<%@ Register TagPrefix="mynews" TagName="top" src="ascx/top.ascx"%>
<%@ Register TagPrefix="mynews" TagName="footer" src="ascx/footer.ascx"%>

<script runat="server">
   string sql;
```

```
OleDbConnection myConn;
OleDbCommand myCmd;
//获取数据子程序
OleDbDataReader getdatareader(string sql)
{
    myCmd = new OleDbCommand(sql, myConn);
    myConn.Open();
    OleDbDataReader dr = myCmd.ExecuteReader();
    return dr;
}
//初始化退出登录
void Page_Load(object sender, System.EventArgs e)
{
    string strConn;
    strConn = "Provider=Microsoft.Jet.OLEDB.4.0;Data Source=" + Server.MapPath
    ("./") + "DataBase/news.mdb";
    myConn = new OleDbConnection(strConn);
    if (Page.Request["action"] == "logout")
    {
        Session["user"] = "";
        Response.Redirect("index.aspx");
    }
}
//登录验证子程序
void addclick(Object sender, EventArgs e)
{
    if (username.Text == "")
        message.Text = "请输入用户名！";
    else
        if (passward.Text == "")
            message.Text = "请输入口令！";
        else
            sql = "select username,passward from Admin where username='" +
            username.Text.Trim()+ "'";
            string userid="", pass="";
            OleDbDataReader user = getdatareader(sql);
           while (user.Read())
            {
                userid = user[0].ToString();
```

```
            pass = user[1].ToString();
        }
        myConn.Close();
        if (userid == "")
        {
            message.Text = "用户名不存在，请重新输入！";
            username.Text = "";
            passward.Text = "";
        }else
            if ( pass == passward.Text)
            {
                Session["user"] = "administrator";
                message.Text = "";
                Response.Redirect("newsmanager.aspx");
            }
            else
            {
                message.Text = "口令错误！";
                passward.Text = "";
            }
    }
    //清除变量信息子程序
    void cancelclick(Object sender, EventArgs e)
    {
        message.Text = "";
        username.Text = "";
        passward.Text = "";
    }
</script>

<html>
<head>
<title>管理员登录</title>
<link rel="stylesheet" href="style.css">
<meta http-equiv="Content-Type" content="text/html; charset=gb2312">
</head>
<body>
<mynews:top runat="server"/>
<form runat="server">
```

```
<table width="70%" cellspacing="0" cellpadding="1" align="center">
    <tr>
        <td>
        <table width="100%" border="0" cellspacing="1" cellpadding="1">
        <tr>
            <td width="40%" align="right" height="30">用户名: </td>
            <td>
              <asp:TextBox  id="username"  MaxLength="20"  Columns="20"  class=
              "smallInput" runat="server"/>
            </td>
        </tr>
        <tr>
            <td align="right">密 码: </td>
            <td>
                <asp:TexTbox id="passward" MaxLength="20" Columns="20" TextMode=
                "Password" class="smallInput" runat="server"/>
            </td>
        </tr>
        <tr>
            <td colspan="2" height="25" align="center">
            <asp:Label id="message" ForeColor="red" runat="server"/>
            </td>
        </tr>
    </table>
        </td>
    </tr>
    <tr align="center">
        <td height="40">
        <asp:Button id="add" Text="登录" OnClick="addclick" class="buttonface" runat=
        "server"/>
        <asp:Button  id="cancel"  Text=" 取 消 "  OnClick="cancelclick"  class=
        "buttonface" runat="server"/>
        </td>
    </tr>
</table>
</form>
<mynews:footer runat="server"/>
</body>
</html>
```

newsmanager.aspx：新闻管理文件，能够删除和修改指定的新闻，显示结果如图 10–16 所示。

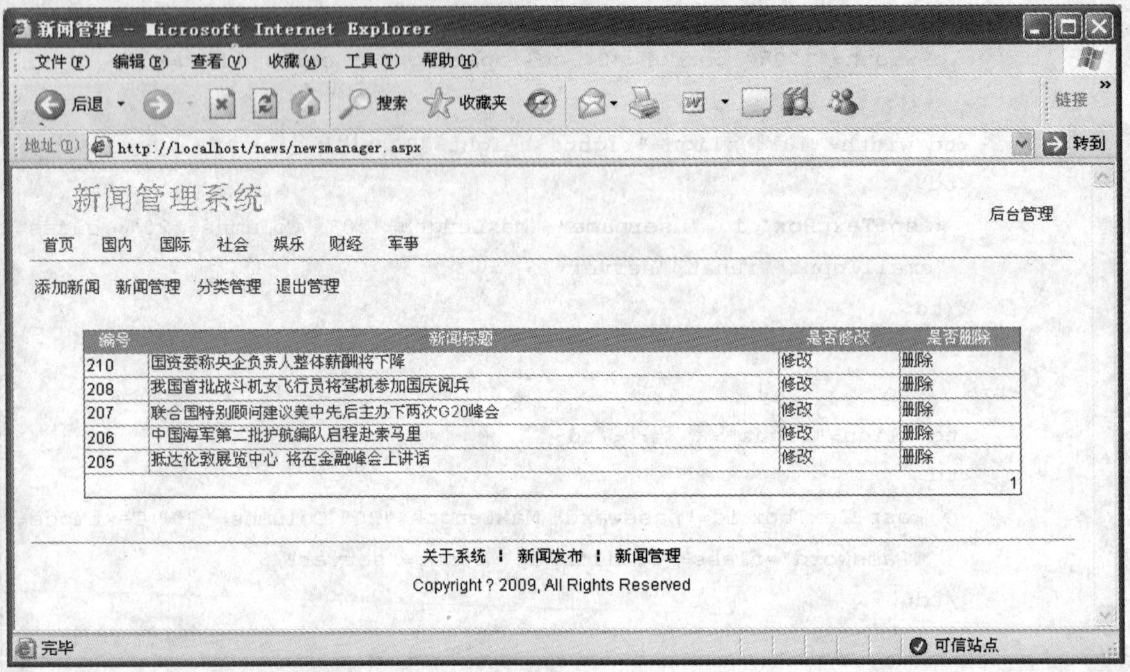

图 10–16 新闻管理页面

其中页面数据控件 DataGrid 的设置代码如下，可以参考书中对显示数据控件的讲解理解以下代码：

```
<asp:DataGrid id="news" AllowPaging="true" PageSize="10" AutoGenerateColumns=
"false" DataKeyField="NewsID"
PagerStyle-HorizontalAlign="right" PagerStyle-Mode="NumericPages" HeaderStyle-
BackColor= "#6699FF"
HeaderStyle-HorizontalAlign="Center" HeaderStyle-ForeColor="#FFFFFF" BorderColor=
"#6699FF"
OnPageIndexChanged="changepage" OnDeleteCommand="news_delete" Width="90%"
runat="server">
                    <columns>
                        <asp:BoundColumn DataField="NewsID" ReadOnly=
                        "true" HeaderText="编号" />
                        <asp:HyperLinkColumn    DataTextField="Title"
                        DataNavigateUrlField="NewsID"
                        DataNavigateUrlFormatString="newshow.aspx?new
                        sid={0}"
                            Target="_new" HeaderText="新闻标题" />
                        <asp:HyperLinkColumn HeaderText=" 是 否 修 改 "
```

```
                    Text=" 修 改 " DataNavigateUrlField="NewsID"
                    DataNavigateUrlFormatString="newsedit.aspx?ne
                    wsid={0}" />
                    <asp:buttoncolumn CommandName="Delete" Text="
                    删除" HeaderText="是否删除" />
                </columns>
            </asp:DataGrid>
```

newsadd.aspx：新闻添加文件，该文件提供一个表单，用户可以通过这些表单控件向数据库添加数据，如图 10–17 所示。

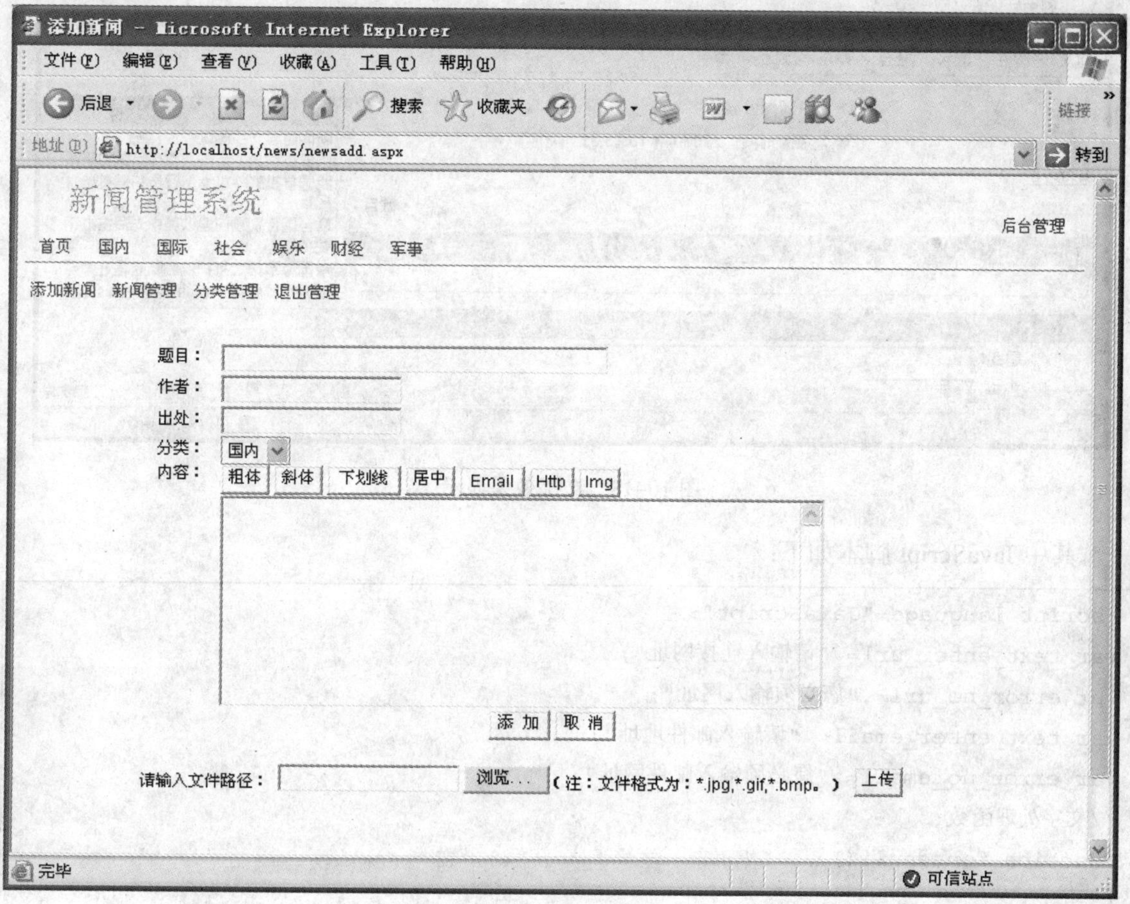

图 10–17　新闻添加页面

其中利用如下代码嵌入一个上传文件模块：

```
<iframe name="upload" frameborder=0 width=97% height=50 scrolling=no src=
"upfile.aspx"></iframe>
```

在此页面中的文字效果如粗体、下画线等，利用 JavaScript 脚本进行处理，通过按钮调用函数的方法把要特殊显示的内容用手工的方式加入，加入的字符是经过处理的特殊字符，显示时再用函数替换这些特殊字符为正常字符，例如，在新闻内容中加入斜体和下画线效果，则利用表单中提供的按钮输入下面特殊文字：

[u][em] 新闻内容 [/em][/u]

显示结果如图 10–18 所示，以上文字在显示时被替换为<u><em>新闻内容</em></u>html 格式字符显示。

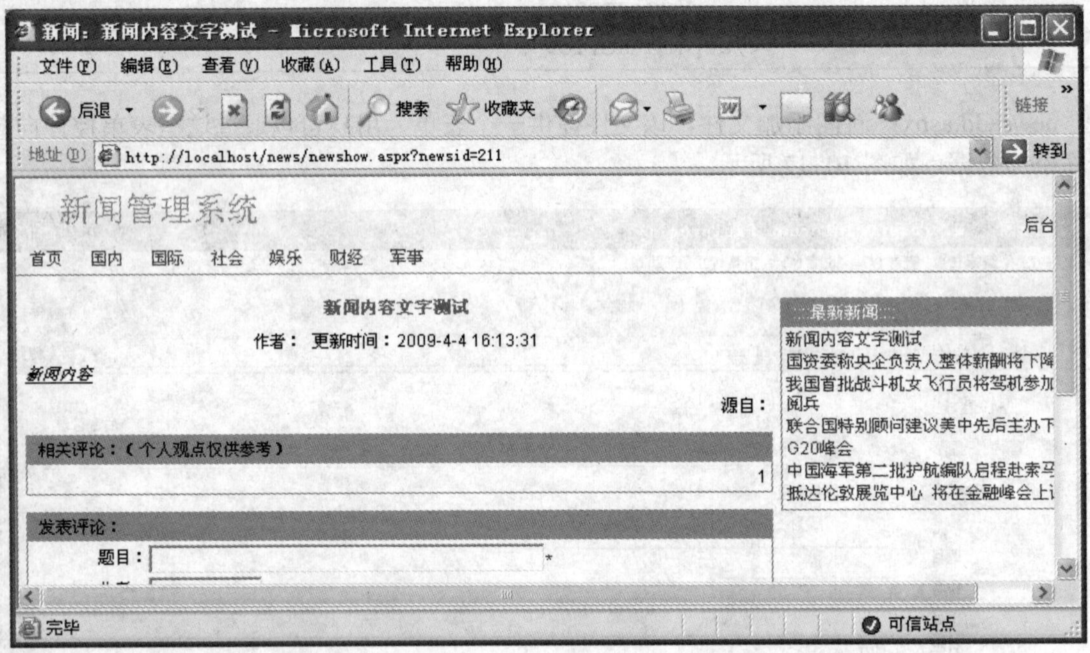

图 10–18 文字效果显示

其中 JavaScript 脚本如下：

```
<script language="JavaScript">
var text_enter_url= "请输入连接网址";
var error_no_url= "您必须输入网址";
var text_enter_email= "请输入邮件地址";
var error_no_email= "您必须输入邮件网址";
//文字处理函数
function fontchuli()
{
    document.news.content.focus();
    var re = document.selection.createRange();
    if (document.news.content.createTextRange)
    {
        re.text = fontbegin + re.text + fontend;
    }else{
        document.news.content.value=
```

```
fontbegin+document.news.content.value+fontend;
   }
}
//定义加粗文字函数
function cbold()
{
   fontbegin="[b]";
   fontend="[/b]";
   fontchuli();
}
//定义斜体文字函数
function italic()
{
   fontbegin="[em]";
   fontend="[/em]";
   fontchuli();
}
//定义居中显示函数
function middle()
{
   fontbegin="[center]";
   fontend="[/center]";
   fontchuli();
}
//定义下画线函数
function underline()
{
   fontbegin="[u]";
   fontend="[/u]";
   fontchuli();
}
//添加E-mail函数
function email()
{
   var emailAddress = prompt(text_enter_email,"");
   if (!emailAddress) {
      alert(error_no_email); return;
   }
   fontbegin="[mail]"+emailAddress+"[|mail]";
```

```
    fontend="[/hyper]";
    fontchuli();
}
//添加网址函数
function chttp()
{
    var FoundErrors = '';
    var enterURL   = prompt(text_enter_url, "http://");
    if (!enterURL)
    {
        FoundErrors += "\n" + error_no_url;
    }
    if (FoundErrors)
    {
        alert("错误! "+FoundErrors);
        return;
    }
    fontbegin= "[url]"+enterURL+"[|url]";
    fontend="[/hyper]";
    fontchuli();
}
//添加图像函数
function img()
{
    var FoundErrors = '';
    var enterURL   = prompt(text_enter_url, "http://");
    if (!enterURL)
    {
        FoundErrors += "\n" + error_no_url;
    }
    if (FoundErrors)
    {
        alert("错误! "+FoundErrors);
        return;
    }
    fontbegin= "[img]"+enterURL;
    fontend="[/img]";
    fontchuli();
}
    </script>
```

在新闻中对图片的处理同样利用了对字符进行特殊处理的方法，将图片上传后将提示的带有［upimg］的代码粘贴到新闻中的相应位置即可，上传图片生成代码如图 10–19 所示。

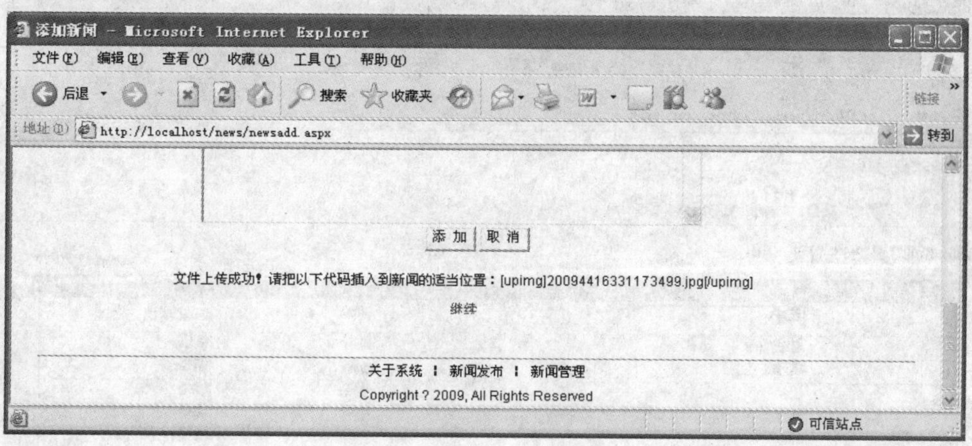

图 10–19　上传图片生成代码

newedit.aspx：新闻修改文件，根据新闻编号查询新闻记录，然后把查询的数据绑定到服务器控件中，修改完毕后进行特殊字符处理保存到数据库中。

classmanager.aspx：文件分类管理页面，涉及新闻类别的添加、修改和删除。因为新闻分类比较简单，所以使用了 DataGrid 控件的 EditCommanddColumn 元素实现对类别的更新，可以根据书中有关 DataGrid 控件列的介绍编写代码，其中更新、删除事件的代码如下所示，该文件显示结果如图 10–12 所示。

```
//更新分类子程序
void fenlei_update(Object Sender, DataGridCommandEventArgs e)
{
 TextBox fltext = (TextBox)e.Item.Cells[1].Controls[0];
string flname = fltext.Text;
bianhao = fenlei.DataKeys[e.Item.ItemIndex].ToString();
sql = "update Classes set ClassesName='" + flname + "' where ClassesID=" +
Convert.ToString(bianhao);
executesql(sql);
 fenlei.EditItemIndex = -1;
bindgrid();
 }
//删除分类子程序
void fenlei_delete(Object Sender, DataGridCommandEventArgs e)
{
bianhao = fenlei.DataKeys[e.Item.ItemIndex].ToString();
 executesql("delete from Classes where ClassesID=" + bianhao);
bindgrid();
    }
```

新闻类别管理页面如图 10–20 所示。

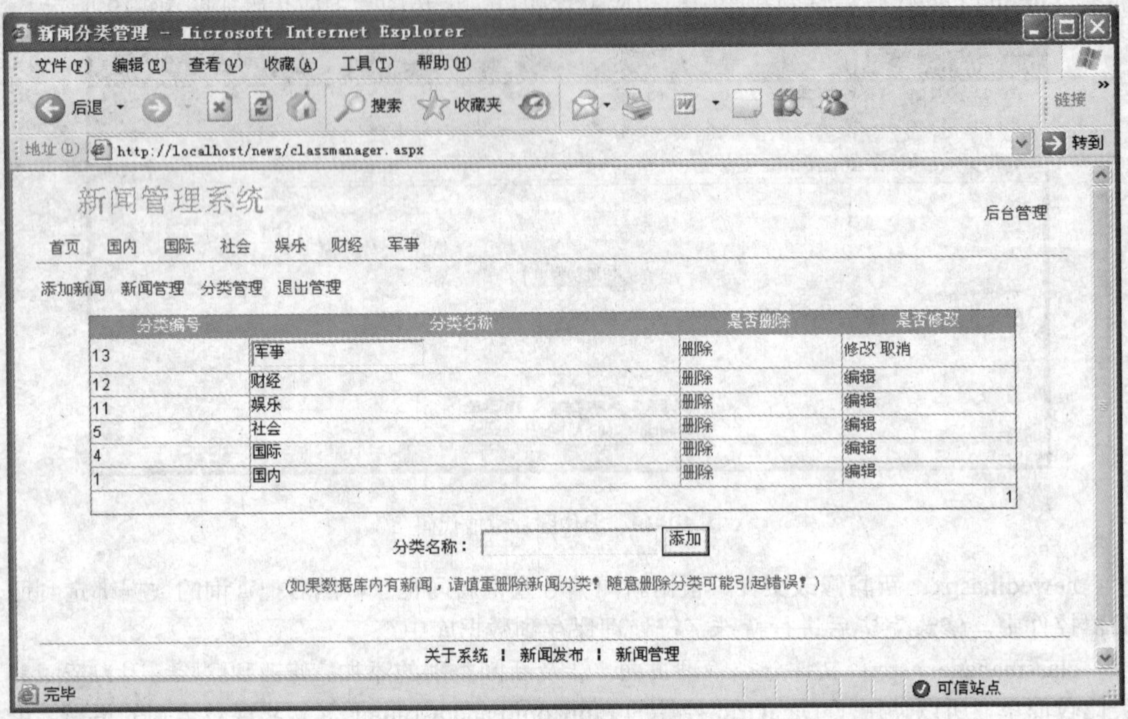

图 10–20　更新新闻类别页面

参 考 文 献

［1］李英俊，毕斐. ASP.NET 动态网站开发教程. 北京：清华大学出版社，2004.

［2］朱印宏. ASP.NET 2.0 基础与实例教程. 北京：中国电力出版社，2005.

［3］天极网新技术研究室. ASP.NET 完全入门. 重庆：重庆出版社，2001.

［4］陈学英. Microsoft ASP.NET 深入编程. 北京：北京希望电子出版社，2001.

［5］徐谡，徐立等. ASP.NET 应用与开发案例教程. 北京：清华大学出版社，2005.

［6］魏惠琴，贾卓生. HTML 简明教程，北京：高等教育出版社，1999.

［7］廖若雪，等. ASP.Net 动态网站编程指南. 北京：机械工业出版社，2001.

［8］赵克立，等. ASP.NET 编程培训教程. 北京：清华大学出版社，2006.

［9］肖金秀，冯沃辉，陈少涌. ASP.NET 程序设计教程，北京：冶金工业出版社，2003.